大家小书

民族与古代中国史

傅斯年 著

北京出版集团公司
北京出版社

图书在版编目（CIP）数据

民族与古代中国史 / 傅斯年著. — 北京 ：北京出版社，2018. 3
（大家小书）
ISBN 978 - 7 - 200 - 11917 - 6

Ⅰ. ①民… Ⅱ. ①傅… Ⅲ. ①中国历史—古代史—文集 Ⅳ. ①K220. 7 - 53

中国版本图书馆 CIP 数据核字(2016)第 021966 号

总策划：安　东　高立志　　　责任编辑：马祝恺　严　艳

·大家小书·
民族与古代中国史
MINZU YU GUDAI ZHONGGUO SHI
傅斯年　著
*
北京出版集团公司
北京出版社　出版
（北京北三环中路 6 号　邮政编码：100120）
网　址：www. bph. com. cn
北京出版集团公司总发行
新华书店经销
北京华联印刷有限公司印刷
*
880 毫米×1230 毫米　32 开本　7.875 印张　160 千字
2018 年 3 月第 1 版　2018 年 5 月第 2 次印刷
ISBN 978 - 7 - 200 - 11917 - 6
定价：38. 00 元
如有印装质量问题，由本社负责调换
质量监督电话：010 - 58572393

总　　序

袁行霈

“大家小书”，是一个很俏皮的名称。此所谓“大家”，包括两方面的含义：一、书的作者是大家；二、书是写给大家看的，是大家的读物。所谓“小书”者，只是就其篇幅而言，篇幅显得小一些罢了。若论学术性则不但不轻，有些倒是相当重。其实，篇幅大小也是相对的，一部书十万字，在今天的印刷条件下，似乎算小书，若在老子、孔子的时代，又何尝就小呢？

编辑这套丛书，有一个用意就是节省读者的时间，让读者在较短的时间内获得较多的知识。在信息爆炸的时代，人们要学的东西太多了。补习，遂成为经常的需要。如果不善于补习，东抓一把，西抓一把，今天补这，明天补那，效果未必很好。如果把读书当成吃补药，还会失去读书时应有的那份从容和快乐。这套丛书每本的篇幅都小，读者即使细细地阅读慢慢地体味，也花不了多少时间，可以充分享受读书的乐趣。如果把它们当成补药来吃也行，剂量小，吃起来方便，消化起来也容易。

我们还有一个用意，就是想做一点文化积累的工作。把那些经过时间考验的、读者认同的著作，搜集到一起印刷出版，使之不至于泯没。有些书曾经畅销一时，但现在已经不容易得到；有些书当时或许没有引起很多人注意，但时间证明它们价值不菲。这两类书都需要挖掘出来，让它们重现光芒。科技类的图书偏重实用，一过时就不会有太多读者了，除了研究科技史的人还要用到之外。人文科学则不然，有许多书是常读常新的。然而，这套丛书也不都是旧书的重版，我们也想请一些著名的学者新写一些学术性和普及性兼备的小书，以满足读者日益增长的需求。

“大家小书”的开本不大，读者可以揣进衣兜里，随时随地掏出来读上几页。在路边等人的时候，在排队买戏票的时候，在车上、在公园里，都可以读。这样的读者多了，会为社会增添一些文化的色彩和学习的气氛，岂不是一件好事吗?

“大家小书”出版在即，出版社同志命我撰序说明原委。既然这套丛书标示书之小，序言当然也应以短小为宜。该说的都说了，就此搁笔吧。

傅斯年的史学思想和史学著作

——一部未完成的中国古代史专著

何兹全

《民族与古代中国史》一书，是傅斯年先生生前未能完成的一部讲中国古代史的专著。据他自己说，到民国二十年（1931年）夏，“写成的将三分之二矣”。他在《夷夏东西说》的前言里说：“这一篇文是我在‘九一八’以前所作《民族与古代中国史》一书中的三章。这一书已成之稿，大致写在‘九一八’前两年至半年间。这三章是（民国）二十年（1931年）春天写的，因时局的影响，研究所迁徙两次，我的工作全不能照预定呈现，所以这一书始终不曾整理完。”

在《周东封与殷遗民》的“前言”里，他又称此书的书名为《古代中国与民族》。他说：“此我所著《古代中国与民族》一书中之一章也。是书经始于五年以前，写成者将三分之二矣。日本寇辽东，心乱如焚，中辍者数月。以后公私事纷至，继以大病，未能杀青，渐何如之！此章大约写于（民国）十九年（1930年）冬，或二十年（1931年）春，与其他数章于二十年十二月持以求正于胡适之先生。适之先生谬为称许。”

看来《民族与古代中国史》和《古代中国与民族》是一书的异名，绝不会是两部书。书在未杀青定稿之前，对书名做些考虑是正常的。《周东封与殷遗民》的“前言”写于“二十三年六月”（1934年6月），《夷夏东西说》的“前言”写于“二十三年十月”（1934年10月）。就是说《民族与古代中国史》使用在后。傅斯年可能认为用《民族与古代中国史》作为书名好些。尤足以证《民族与古代中国史》为他的中国古代史的书名的是《东北史纲》一书中的一段话：“商之起源当在今河北东北，暨于济水入海处，此说见吾所著《民族与古代中国史》一书，二月后出版。”因此，我就用它作了本书的书名。

《夷夏东西说》和《周东封与殷遗民》都是《民族与古代中国史》一书的一部分是没有问题的，因为傅斯年自己已说《夷夏东西说》是他所作“《民族与古代中国史》一书中的三章”，《周东封与殷遗民》是他“所著《古代中国与民族》

一书中之一章”。

另外，《姜原》《大东小东说》《论所谓五等爵》，无论从内容上看或从写作时间上看，大约都是《民族与古代中国史》的一部分。三篇所谈，都是中国古代史的问题，都发表在民国十九年（1930年）五月《国立中央研究院历史语言研究所集刊》第二本第一分。《论所谓五等爵》，傅斯年说明“中华民国十九年（1930年）一月写于北平”，其他两篇没有注明写于何时，但肯定都写于1930年5月之前，正符合傅斯年所说“《民族与古代中国史》……已成之稿，大致写在‘九一八’前两年至半年间”。傅斯年所说“与其他数章于（民国）二十年（1931年）十二月持以求正于胡适之先生”的“其他数章”，极可能包含《姜原》《大东小东说》和《论所谓五等爵》。

傅斯年在文章中还常常说见某某篇。如他在《夷夏东西说》中说：“又有所谓伯夷者，为姜姓所宗，当与叔齐同为部族之号，别见姜姓篇。又祝融八姓之分配在东海者，亦号曰夷，别有祝融八姓篇，今具不入此文。”大约此所谓某某篇者，或属尚未完稿，但看来肯定都属于《民族与古代中国史》书中的一部分。

《性命古训辨证》（本文所引傅斯年著作，均收入《傅斯年全集》，台湾联经出版公司，1980年）是他的专著，但不是史学著作。《东北史纲》是傅斯年和别人合著的，虽然他亲手写了第一卷，书的主要论点也是傅斯年的观点，但究竟是和别人合著的书，不能作为傅斯年的史学代表著作。能作为他的史学代表作的，就是这部未完成的《民族与古代中国史》。

但就这五篇已发表的篇章来看，篇篇都有精意，篇篇都有创见，篇篇都是有突破性、创始性的第一流的好文章。这一本未完成的书之已完成的几篇文章，已足以使傅斯年坐上20世纪中国史学大师的宝座，享有大师的荣誉。

创始性、突破性的史识

中国古代先秦时代，是东西两大族群、两大文化系统的对峙时期。傅斯年看到了这种东西对峙的形势，提出“夷夏东西说”。

傅斯年根据《左传》《国语》《诗》《史记》各书所记夏地说：“夏之区域，包括今山西省南部，即汾水流域，今河南省之西部、中部，即伊洛嵩高一带，东不过平汉线，西有陕西一部，即渭水下流。”“东方界线，则其盛时曾有济水上流，至于商丘，此便是与夷人相争之线。”

夏在西方兴起强大的时候，东方却是夷人的天下。

傅斯年说，所谓“夷”，“实包括若干族类，其中是否为一族之各宗，或是不同之族，今已不可评考”。孔子曰“吾欲居九夷”，也是说“夷”之多。

他把夷人分作两大族类：一、太皞之族，二、少皞之族。太皞与太昊为一词，古经籍中多作伏羲氏，或作包羲氏。太皞氏主要有风姓，古代传说中的华胥、女娲、大庭氏、葛天氏等都属于太皞这一系统。傅斯年引证了经籍中关于太皞之记载后，归纳出两条：一、太皞族姓之国部（按，指国家或部落。傅斯年对中国古代的族姓是国家还是部落概念并不十分清楚。他大概认为这些古族姓还是部落）之分配（按，分配指“分布”），西至秦，东括鲁，北临济水，大致当今河南东隅，山东西南部之平原，兼包蒙峄山境，空桑在其中，雷泽在其域。古代共认太皞为东方之部族，乃分配（布）于淮济间之族姓。二、太皞继燧人而有此土。在古代之礼乐系统上，颇有相当之贡献；在生活状态上，颇能做一大进步。当是已进于较高文化之民族，其后世并不为世所贱。在周代虽居卫而为“小寡”，世人犹以为“明祀”也。

少皞一系，据傅斯年所述：“其地望大致与太皞同，而位于空桑之野之曲阜，尤为少皞之本邑……‘太少’二字，金文中本即大小，大小可以地域大小及人数众寡论，如大月氏、小月氏。然亦可以先后论，如太康、少康。今观太皞、少皞，既同处一地，当是先后有别。太皞之后今可得而考见者，只风姓三四小国；而少皞之后今可考见者，竟有嬴、己、偃、允四著姓……种姓蕃衍……比起太皞来，真是有后福了。”

傅斯年从《左传》、《史记》、《世本》佚文、《左氏杜注》中所录出的嬴姓所建国有：郯、莒、奄、徐、江、黄、赵、秦、梁、葛、菟裘、费。秦、赵后来成为战国时大国，秦且成为中国历史上第一个真正的帝国。另有群舒、六、蓼、英氏，为偃姓国家。

中国古代传说中的大人物，很多是属于夷族的，如：伯益、皋陶。

夷族所居住的区域，“西至今河南之中心，东尽东海，北达济水，南则所谓淮夷徐舒者皆是。这个分布在东南一大片部族名为夷者，和分布在偏于西方的一大片部族名诸夏者，恰恰成对峙的形势”。

在夷夏东西对峙的时代，夷夏之间曾有矛盾和斗争。传说中反映夷夏间大的斗争有三次：一是启与伯益争统。关于这件事，战国的传说有两种，一谓启、益相让，二谓启、益相争。《孟子》说相让，古本《竹书》说相争，“益干启位，杀之”。傅斯年说伯翳（傅斯年考证伯翳和伯益是一人）是秦、赵公认之祖，即是嬴姓之祖，亦即是徐方之祖，亦即是盈族之祖。“然则伯益正是源源本本的东夷之祖，更无疑义。”益、启之争，即是夷夏之争。二是后羿与夏争国。后羿逐太康而代夏政。传说中后羿亦称帝羿或羿帝，又说是“帝降夷羿”“革孽夏氏”“阻穷西征”“夷羿作弓”等。傅斯年认为，后羿（帝羿、夷羿），是东方夷人之主，是“奉天帝之命降于下土者，为夷之君”。三是夏商之争。汤放桀，等于夷灭夏。“商人虽非夷，然曾抚有夷方之人，并用其文化，凭此人民以伐夏而灭之，实际上亦可说夷人胜夏。商人被周人呼为夷，有经典可证。”

夷族的文化，在远古时代是很高的。“如太皞，则有制八卦之传说，有制嫁用火食之传说。如少皞，则伯益一支以牧畜著名，皋陶一支以制刑著名，而一切所谓夷，又皆以弓矢著名。可见夷之贡献于文化者不少。”

傅斯年说，中国夏商周或虞夏商周古史，“乃周人之正统史观，不免偏重西方，忽略东方。若是殷人造的，或者以夷代夏。所谓‘裔（疑即“殷”字）不谋夏，夷不乱华’者，当是西方人的话。夏朝在文化上的贡献若何，今尚未有踪迹可寻，然诸夷姓之贡献都实在不少。春秋战国的思想家，在组织一种大一统观念时，虽不把东夷放在三代之系统内，然已把伯夷、皋陶、伯益放在舜禹庭中，赓歌揖让，明其有分庭抗礼的资格。《左传》中所谓才子、不才子，与《书》‘尧典’‘皋陶谟’所举之君臣，本来是些互相斗争的部族和不同姓的酋长或宗神，而哲学家造一个全神堂，使之同列在一个朝廷中。‘元首股肱’，不限于千里之内，千年之间。这真像希腊的全神堂，本是多元，而希腊人之综合的信仰，把他们硬成一个大系。”傅斯年这段话非常精辟，本非一家人的古代各族传说中的祖先，却被编排在一起成了君臣、父子关系。

商和夏、周，仍是东西对峙。傅斯年从神话传说、地望所在及其迁移活动诸多方面，分析考证商是兴起于东方的一族。商和东北、渤海沿岸各族以及淮夷，都有祖先是由卵生的神话传说。他引证了古籍中有关东北各族、商及淮夷的祖先来源于卵生神话传说的记载。他说：“持此以证商代来自东北，固为不足，持此以证商代之来源与东北有密切关系，至少亦是文化的深切接触与混合，乃是颇充足，很显然的。”

商建立基业之地早期是在河济之间的古兖州地。傅斯年说，殷之地望，在河济之间古兖州，即今河北省南部安阳、大名、汲县、滑县一带。上古时期，活动在这一带的有：殷、衣、韦、郼、衛（卫）、沇、兖。据他考证，这“殷、衣、韦、郼、卫、沇、兖，尽由一原（源），只缘古今异时，成殊名耳”。郼，读如衣，汉代兖州人谓殷氏为衣。郼，殷，都读作衣。韦、郼、卫三字，当是一字之异体。《左传》哀公二十四年（前471年）杜注说：“东郡白马县东南有韦域。”晋朝白马县，当今滑县东境一带。《吕氏春秋·有始览》说：“河济之间为兖州，卫也。”韦、卫之地望如此，殷之原来所在，由此可知。

《诗·商颂》：“相土烈烈，海外有截。”相土，为商代甚早之先王；海，最近之海为渤海。相土能戡定海外，则其根据地必去渤海不远。而所谓海外，最有可能的是辽东半岛或朝鲜之西北境。纣殁后，殷人箕子仍得以亡国之余退保朝鲜，则殷与朝鲜之关系必甚密切。傅斯年说，箕子之东，盖“从先王居而已。犹之金亡后犹在混同江边保其女真族，元亡后犹在漠南北保其蒙古族”。

相土之后，殷之世系中有王亥、王恒、上甲微，皆与有易氏有斗争；王亥且为有易掳去做奴隶，“牧夫牛羊”。有易之活动地区，必在今河北易水流域。傅斯年说：“则此时殷先公之国境，必与有易毗连可知，即必在今河北省境北部或中部可知（本文另一地方又说中部南部）。”

总结以上的考证和论证，傅斯年说：“直接史料与间接史料相互参考，均指示我们商起于东北，此一说谓之为已经证成可也。”

历史传说，汤兴起于亳。亳有多处。“济河流域中以薄或博名者，尚有数处，其来源虽有不可知者，然以声类考之，皆可为亳之音转。”《左传》昭公九年（前533年）：“及武王克商，薄姑商奄，吾东土也……肃慎燕亳，吾北土也。”傅斯年认为：薄姑、博、薄、亳等地，“实沿济水两岸而逆流上行”。“大凡一切荒古时代的都邑……多是在河岸上的。一因取水的供给，二因交通的便利。济水必是商代一个最重要的交通河流。”“商之先世或者竟逆济水而向上拓地。”薄姑旧址去海滨必不远。“然则薄姑地望正合于当年济水之入海口，是当时之河海大港无疑。”“至于‘肃慎燕亳’之亳，既与肃慎燕并举，或即为其比邻。若然，则此之一亳正当今河北之渤海岸，去薄姑亦在数百里以至千里之内。今假定商之先世起源于此之一亳，然后入济水流域，逆济水而西止，沿途所迁，凡建社之处皆以旧名名之，于是有如许多之亳。”

殷商兴起之后，夏商仍是东西对立。夏在西，商在东，最后商灭掉夏。

美籍华人历史学家、考古学家张光直教授对傅斯年和他的《夷夏东西说》极为称赞，他说：“傅先生是一位历史天才，是无疑的。他的《夷夏东西说》一篇文章奠定他的天才地位是有余的。这篇文章以前，中国古史毫无系统可言。傅先生说自东汉以来的中国史，常分南北，但在三代与三代以前，中国的政治舞台……地理形势只有东西之分，而文化亦分为东西两个系统。自傅先生《夷夏东西说》出现之后，新的考古资料全部是东西相对的：仰韶—大汶口，河南龙山—山东龙山，二里头（夏）—商，周—商、夷……《夷夏东西说》不是很长的一篇文章，但是有了这篇文章以后，历史学家看中国历史便有了一个与前不同的角度。这样的文章可以说是有突破性的。”“他的东西系统成为一个解释整个中国大陆古史的一把总钥匙……傅先生也没想到的，在整个中国大陆东西对立都是很显著的现象与研究题目。”

《夷夏东西说》之外，他的其他几篇文章，都有他自己的符合中国古史实际的独行见解，也是篇篇掷地有声的。如《周东封与殷遗民》对于三年丧和先进于礼乐、后进于礼乐的解释都极精辟。

《论语·阳货》：“子曰：夫三年之丧，天下是通丧也。”

《论语·先进》：“子曰：先进于礼乐野人也，后进于礼乐君子也。”

《孟子·滕文公上》：“孟子曰：‘三年之丧……自天子达于庶人，三代共之。’……（滕）父兄百官皆不欲也，故曰：‘吾宗国鲁先君莫之行，吾先君亦莫之行也。’”

孔子说，三年之丧，天下之通也。滕国的卿大夫却说，吾宗国鲁先君莫之行，吾先君亦莫之行。这怎么解释？“先进于礼乐野人也，后进于礼乐君子也。”这句话也是向来不得其解者。汉宋诂经家说，皆迂曲不可通。

傅斯年的《周东封与殷遗民》对此做出唯一无二的精辟透彻的解释。《周东封与殷遗民》说，殷是大国，周灭殷后并没有把殷民都杀掉，而是把他们大批迁到洛邑或分给姬姓、姜姓贵族带到外地去建立新邦。如分给伯禽带到鲁国去的有殷民六族，分给康叔的有殷民七族，分给唐叔的是怀姓九宗。“可见鲁、卫之国为殷遗民之国，晋为夏遗民之国。”并引证材料说明三年丧是殷民的风俗习惯。这就清楚了：孔子说“三年之丧，天下之通丧也”，指的是殷人。殷人是行三年之丧的。殷人是一国之人民，故可以称“天下”。滕国的卿大夫说三年之丧“吾宗国鲁先君莫之行，吾先君亦莫之行”，指的是周人，一国的统治阶层。周人不行三年之丧。“先进于礼乐野人也，后进于礼乐君子也。”这也就清楚了：开化早的文明人是住在城外的“野”人（殷人），开化比较晚的住在“国”里的是君子（统治阶层，周人）。

《周东封与殷遗民》，进而论宋、鲁、齐诸国，都是以殷民而建立的邦国。后代齐地的民间故事、民间信仰，仍多来自殷民。荀子“按往旧造说，谓之五行”，“其所由来久远”。这由来久远的五行说可能与殷人有关。傅斯年说：“商之宗教，其祖先崇拜在鲁独发展，而为儒学；其自然崇拜在齐独发展，而为五行方士。各得一体，派衍有自……商朝本在东方，西周到东方或以被征服而暂衰。入春秋后文物富庶又在东方，而鲁、宋之儒，燕、齐之神仙，惟孝之论，五行之说，又起而主宰中国思想者两千余年。然而谓殷商为中国文化之正统，殷遗民为中国文化之重心，或非孟浪之言。”

无论傅斯年这段话正确到如何程度，它都是非常有启迪作用的，使我们对中国文化的正统——周乎？商乎？应有更深入的考量。

《大东小东说——兼论鲁、燕、齐初封在成周东而后乃东迁》《姜原》和《论所谓五等爵》也都各有新意，读者可以自己体会。

对学术事业的贡献

傅斯年有学术心，也有学术事业心。他回国后在中山大学教书，不久就在中山大学创办“语言历史研究所”。这是1927

年秋天的事，他到中大教书才半年。1928年10月，傅斯年又在国立中山大学语言历史学研究所的基础上，筹备建立了中央研究院历史语言研究所。成立后他即任所长，一直到1950年去世。他的社会、政治职务千变万化，名堂甚多，史语所的所长职务是一直担任到底的。

他以史语所为基础，对中国近代学术事业做出很大贡献。

为近代中国学术事业培养了一大批优秀人才。首先他拉了一大批著名学者到史语所领导研究工作。一时想到的如：陈寅恪、徐仲舒、赵元任、李方桂、罗常培、李济、董作宾、梁思永。1927年至1937年是史语所的鼎盛时期，傅斯年收罗很多人才到史语所来。其中不少人后来成为大家，如：陈槃、石璋如、丁声树、劳幹、胡厚宣、夏鼐、周一良、高去寻、全汉升、邓广铭、张政烺、傅乐焕、王崇武、董同和、马学良、张琨、逯钦立、周法高、严耕望，等等。这些人或多或少都受过傅斯年的培养，都或多或少继承了他严谨的重材料、重考证的学风。

抢救、整理明清档案。清朝内阁大库的档案，内有诏令、奏章、则例、移会、贺表、三法司案卷、实录、殿试卷及各种簿册等，是极珍贵的第一手历史资料。从晚清宣统元年（1909年）国库房损坏搬出存放后，几经迁徙、几易主人，潮湿腐烂、鼠吃虫蛀，损失极为严重。其中一次主管者历史博物馆以经费缺乏，曾以大洋四千元的价格将此八千麻袋总计十五万斤的档案卖给造纸商拿去造纸。著名考古学家马衡大声疾呼，由傅斯年呈请中央研究院院长蔡元培先生做主，才以一万八千元将这批几乎要进造纸厂的档案买下，然而已由十五万斤减为十二三万斤，少了两万多斤。抢救下这批十分珍贵的档案材料，傅斯年是有大功的。

科学发掘河南安阳殷墟。傅斯年极重视史料和新史料的获得。他在《历史语言研究所之工作旨趣》中说：“（一）能直接研究材料，便进步；凡间接地研究前人所研究或前人所创造之系统，而不繁丰细密的参照所包含的事实，便退步。（二）凡一种学问能扩张他研究的材料，便进步，不能的便退步。”他重视清档案的抢救整理和殷墟的发掘，目的都在取得新材料，扩张新材料。他有一句名言：“上穷碧落下黄泉，动手动脚找东西。”

在傅斯年领导史语所的同仁科学发掘河南安阳小屯殷墟之前，殷墟甲骨片的出土已有三十多年的历史。19世纪末叶，安阳一带的农民在耕地时偶然发现了一些甲骨片，药材商人便当作龙骨来收购。金石学家王懿荣看到这种甲骨片，认识它的价值，便多方购求，此后逐渐引起学者的注意。19世纪末20世纪初，先后出版了刘鹗的《铁云藏龟》、孙诒让的《契文举例》、罗振玉的《殷墟书契》等。其后，王国维利用甲骨文研究商朝历史，写出《卜辞中所见殷先公先王考》和《殷周制度论》等名作。

这一来，小屯殷墟出土甲骨出了名。古董商、药材商蜂拥而至，他们一面搜购，一面聚众私掘。外国“代表团”“考古家”，也都进来高价购买甲骨。殷墟现场受到严重破坏。

傅斯年对此听在耳里、看在眼里，遂呈请中央研究院院长批准，由史语所考古组正式组织人员去小屯发掘。开始困难重重，一些人的地方主义、利己主义、风头主义一时俱来，他们阻挠发掘或强制停止发掘。傅斯年亲到开封（当时河南省政府所在地），上靠南京政府的权威，下依河南开明人士的支持，也靠傅斯年的办事才干，人事关系才得疏通好，发掘工作才得顺利进行。

从1928年到1937年，十年时间，殷墟发掘大小共进行十五次。傅斯年在百忙中，数次亲到小屯视察指导。规模最大的一次发掘是第十三次，时在1935年夏。傅斯年偕同法国汉学家伯希和来到安阳。石璋如回忆说：“那时是殷墟第十三次发掘，所用人力在三百人以上，为殷墟发掘以来规模最大的一次。也是中国的考古工作在国际间最煊赫的时期。约在5月中旬，气候已经相当的热了，他和法国的东方学者伯希和先生到达安阳……伯希和先生对着那样伟大的陵墓，那样排列整齐的小墓，那样大量并精美的灿烂的器物，在孟真所长面前，不断地惊讶和赞叹！”“九一八”事变以后，日寇侵我形势日急，殷墟发掘被迫停止下来。

在中国近代科学考古史上，傅斯年是第一功臣。这是他对中国学术事业的大贡献。

傅斯年是北京大学培养出来的，对北大特有感情，在他一生的事业中，对北大也是特有贡献的。

20世纪30年代是北大辉煌的盛世，教授阵营盛极一时，名家胡适、傅斯年、钱穆、陶希圣、孟森、汤用彤等都是北大教授，陈寅恪等都在北大讲课。当时蒋梦麟是北大校长，但推动北大盛世出现的却是胡适、傅斯年，尤其是傅斯年。蒋梦麟回忆说：“当我在民国十九年（1930年）回北京大学时，孟真因为历史语言研究所搬到北京，也在北京办公了。‘九一八’事变后，北平正在多事之秋，我的参谋就是适之、孟真两位，事无大小，都就商于两位。他们两位代北大请到了好多位国内著名的教授，北大在北伐成功以后之复兴，他们两位的功劳实在太大了。”

傅斯年对北大的第二次贡献，是在抗日战争胜利之后。

抗日战争胜利后，国民政府任命胡适为北大校长。时胡在美国，回国之前，北大校长由傅斯年代理。从敌伪手里接办北京大学，有很多棘手问题，如对日本统治下的北京大学的教职员如何处理便是一个问题。傅斯年决定一个不用。他给夫人俞大彩写信说："大批伪教职员进来，这是暑假后北大开办的大障碍，但我决心扫荡之，决不为北大留此劣根。"把困难解除，把"天下"扫平，为胡适回校铺好道路，这是傅斯年做代理校长以报胡适的决心。他给夫人的信又说："实在说在这样局面下，胡先生办远不如我，我在这几个月给他打平天下，他好办下去。"

家世和才性

傅斯年，山东聊城人，生于1896年3月26日（光绪二十二年）。

傅家是山东西北一带的名门望族。明末清初，傅家出了一个傅以渐，1646年（顺治三年）中进士，殿试一甲第一名，成为清王朝开国第一名状元，他累官至武英殿大学士，兵部尚书。傅以渐以后，傅家举人、进士辈出，任封疆大吏、布政使、知府、知县者更有多人。书香门第一直维持到清朝末年。

到傅斯年的祖父傅淦时，家境出现衰落。傅淦，幼负才名，博通经史，1861年（咸丰十一年），他十七岁时即被选拔为贡生。他似乎淡泊名利，既没有参加朝考，也没有出仕。傅淦的父亲（傅斯年的曾祖父）傅继勋，多年在安徽做官，官至布政使，李鸿章是他的门生。李鸿章署理直隶总督时，曾请傅淦到天津去，大约意在给他安排个官职。傅淦到天津时，可能正赶上李鸿章政务忙迫，未能即时召见。他认为李鸿章有意慢待，便于次日不辞而去，自此靠在家乡教私塾和卖字画糊口。傅淦的妻子陈梅是江西巡抚陈阡（山东潍县人）之女，结婚时陪嫁甚丰，傅淦生活困难时，就靠变卖妻室陪嫁度日。

傅斯年的父亲傅旭安，1894年（光绪二十年）顺天举人，有文名，任山东东平龙山书院院长。1904年（光绪三十年），殁于任所，时年三十九岁，当时傅斯年先生九岁，其弟斯岩七个月。上有老（傅斯年的祖父母）、下有小（傅斯年兄弟二人），一门生活全靠傅斯年的母亲李太夫人操持。幸赖父亲傅旭安的众门生，聚资生息供一家生计之用。

傅斯年虽然出生在世代官宦书香家族，但他幼年时期，却是过的清苦生活。青少年时代的穷苦生活，使他能比较深刻地理解社会，理解世事人情。有一次闲谈中，我曾问他怎么懂这么多人情世故。他说："吾少也贱，故能多鄙事。"

从六岁到九岁，傅斯年在离他家不远的一个私塾读书。十岁到十三岁，在东昌府立小学堂读书。这七八年里，都是白天去学校，晚上由祖父在家课读。祖父、母亲对傅斯年读书都是严格要求，加之傅斯年天资聪颖，勤奋努力，在十一岁时就通读了《十三经》。

1908年（光绪三十四年）的冬天，十三岁的傅斯年跟随父亲的学生中了进士的侯延塽去天津，考入天津府立中学堂读书。在校四年，1913年（民国二年）夏，考入北京大学预科。1916年升入本科，1919年北京大学毕业。

在北大的几年，是傅斯年思想大变化的时期。这个时期，中国学术界有权威、有影响的大师是章太炎。他的大弟子刘师培、黄侃都在北大教书。他们都很器重傅斯年，希望他继承章太炎学派的衣钵；傅斯年读的是古书，接受的是中国传统文化思想，"最初也是崇信章氏的一人"（毛子水）。1916年11月，蔡元培出任北大校长，提出"兼容并包"的办学方针，先后聘请陈独秀、李大钊、胡适等人到校任教，蔡元培的思想是新的，他出过国，受到西方思想影响。所谓"兼容并包"实际是为新派在北大挤个落脚点，当时北大文科是章太炎国学派的天下，“兼容并包”实质是支持新、反对旧。傅斯年接受胡适的思想教育，尽弃旧学，接受新说，在北大创立新潮社，出版《新潮》月刊。他参与了五四运动，他自己说：“五四那天上午我做主席，下午扛着大旗到赵家楼，打进曹汝霖的住宅。”

北大毕业后，傅斯年考取山东官费出国留学，先到英国，入伦敦大学，学习的学科有心理学、物理学、化学、数学等。1923年由英国去德国，入柏林大学，修习物理学和比较语言学。

傅斯年于1919年冬出国，1926年冬回国，先后在英国、德国留学七年。从他学习的学科看，涉及的面是比较宽的，而且多属自然科学，没有历史学。但从傅斯年已有的深厚的中国文史知识基础上来评价，就知道留学对于他后来对中国传统文史的整理是有好处的。他所要学的是科学理论和科学方法。正像他的朋友罗家伦所说：“他有了许多科学的方法和理论，又回头发现了他自己曾经储藏下的很多丰富的中国历史语文的知识，在此中可以另辟天地。”罗家伦述说他们“这群人的学术心理”里，有一种“先博后专的风气。因为当时大家除了有很强的求知欲外，还有想在学术里求创获的野心，不甘坐享现成，要想在浩瀚的学海之中，另有会心，‘成一家言’”。我想，我们完全可以从罗家伦的话里理解傅斯年在欧洲求学时学得如此宽博的原因。他是在求治中国学问的理论和方法。我们没有材料说明他在德国学历史，但知道他读书很博，他一定也读了一些历史学的书，他的“史料即史学”思想就是从当时风行德国的兰克学派接受过来的。

1926年冬，傅斯年回国，先返乡里省亲，随后即去广州中山大学任教授。他担任文学院院长，还兼任历史、国文两个系的系主任，同时还创办了一个语言历史研究所。

1928年，中央研究院成立，傅斯年应聘任历史语言研究所所长。“他襄助院长蔡元培先生筹划院务。院内一切制度的确立和各种方案的制订，他都贡献了不少意见，后来中央研究院的发展扩充，他有很大的功劳。”

傅斯年在历史语言研究所1928年年度报告书中说：“中央研究院设置之意义，本为发达近代科学，非为提倡所谓固有学术。故如以历史语言之学承固有之遗训，不欲新其工具，益其观念，以成与自然科学同列之事业，即不应于中央研究院设置历史语言研究所，使之与天文、地质、物理、化学等同伦。今者决意设置，正以自然科学看待历史语言之学。”又说：“此虽旧域，其命维新。材料与时增加，工具与时扩充，观点与时推进，近代欧洲之历史语言学，其受自然科学之刺激与补助，昭然若揭。以我国此项材料之富，欧洲人为之羡慕无似者，果能改从新路，将来发展，正未有艾。”

歪打正着，傅斯年在欧洲广学自然科学且有“迷途不返”之势，到头来却为他回国后收拾旧业，为他在历史语言研究的理论和方法方面开阔了新道路。

自此年（1928年）始，傅斯年任中央研究院历史语言研究所所长，一直到1950年去世。在大陆期间，他曾兼任许多职务，其中有：社会学研究所所长（1933年），中央博物院筹备主任（1933年），代中央研究院干事和总干事（1937年），北京大学代理校长（1945年秋）。1946年，胡适由美回国，他才卸去代理北大校长职务。1947年6月，赴美养病。1948年上半年，当选为中央研究院院士，8月由美回国，冬天，历史语言研究所迁台湾。1949年1月，就任台湾大学校长。1950年12月20日晚11时20分，因脑溢血病逝，享年54岁。

对傅斯年的一生，会有许多不同的评价，这且俟诸历史吧。我觉得胡适和他自己对他的本性和为人的评估，还是很透的。

胡适之对傅斯年可以说是相知最深的人。他对傅斯年的品性和才能曾有如下一段评论，他说：“孟真（傅斯年的字）是人间最希有的天才。他的记忆力最强，理解力也最强。他能做最细密的绣花针功夫，他又有最有胆的大刀阔斧本领。他是最能做学问的学人，同时他又是最能办事、最有组织才干的天生领袖人物。他的情感是最有热力，往往带有爆炸性的；同时他又是最温柔、最富于理智、最有条理的一个可爱可亲的人。这都是人世最难得合并在一个人身上的才性，而我们的孟真确能一身兼有这些最难兼有的品性与才能。”（胡适为《傅孟真先生集》写的《序》）在这不到二百字的一段话里，胡先生用了十四个“最”字来评述傅斯年的品性和才能。胡先生的话，准确而又全面地描绘出一个最稀有天才人物的最难兼有的品性和才能。

人贵有自知之明，且看傅斯年对他自己的认识和估计。1942年12月，他于大病之后，回到李庄史语所后给胡适的信说：“病中想来，我之性格，虽有长有短，而实在是一个爱国之人，虽也不免好名，然比别人好名少多矣。心地十分淡泊，喜欢田园舒服。在太平之世，必可以学问见长。只是凡遇到公家之事，每每过量热心。此种热心，确出于至诚，而绝非有所为。遇急事胆子也大，非如我平常办事之小心。有时急的强聒不舍，简直是可笑。平日好读老庄，而行为如此。有此性情，故遇有感情冲动之事，心中过分紧张。这种感情冲动，私事甚少，而为公者极多。性情如此，故得此病，更不易治。此等性情，自天外人看来，未知还有趣否？但在中国确算比较少的了。近日又读庄子，竭力自己为自己想开，何必一人怀千古之忧，一身忧国家之难。读来读去，似乎有些进步，此窍还是半通不通的。古人有以天下事为己任之说，一个人如此想，多半是夸大狂，我向不以此言为然。但自己不自觉之间，常在多管闲事，真把别人的事弄成自己的事。此比有此意识者更坏事，以其更真也。我本以不满政治社会，又看不出好路线来之故，而思遁学问，偏不能忘此生民，于是在此门里门外跑来跑去，至于咆哮，出也出不远，进也住不久。此其所以一事无成也。今遭此病，事实上不能容我再这样，只好从此以著书为业。所可惜者，病中能著书几何，大是问题耳。但只要能拖着病而写书，其乐无穷。”

遗憾的是，山难改，性难移。局势不静，他终难忘却国家，身心憔悴而逝。

小处可以见大，更可看到一个人的品格。傅斯年的夫人俞大彩写有《忆孟真》一文，悼念傅先生。情真意切，反映傅斯年的品格。文长这里不引了。

赘　语

傅斯年是我的老师，这老师还不是泛泛的老师而是恩师。1935年我北大毕业，他邀我去史语所，我没有去，而去日本读书。抗日战争爆发后，我编杂志，写社论，在机关里混。是他收留我到史语所，使我在社会上鬼混了几年之后，重新又走上做学问的道路。不然，真不知我今日能在何方。潦倒，悲伤，活得不像个人，也可能死掉了！

我前面写了傅斯年，是实事求是的，不虚伪，不夸张，有什么是什么。他是个不世出的天才，他对中国古代史所提出的见解，都是有创始性、突破性的第一流的精辟见解。这不是我个人的看法，自知他最深的胡适之先生起，他的朋友，他的学生，大多持这一相同的意见。

但就我所能看到的，傅斯年的学问、见解也不能说已完美无缺，问题还是有的。“吾爱吾师，吾尤爱真理”，我愿就我的学力所能达到的境地，对傅斯年先生的学问略提几点意见。

一、傅斯年学业可分三大段，六岁到十三岁，在家乡读私塾和小学，晚上在家由祖父课读经籍，这是一段（1901—1908年）。十四岁去天津入中学，二十四岁北京大学毕业，这是一段（1909—1919年）。在英、德留学为一段（1919—1926年）。

第一阶段，在家乡他读的是中国古籍，接受的是中国传统文化，第二阶段，他接受的一方面是中国传统文化（高层次的理解），一方面是西方文化（主要是胡适传播的美国的西方文化）。第三阶段，在欧洲英、德时期才真正接触了西方文化，但他在英、德学得很杂乱。他在英国学习的主要课程是生物学、心理学、数学，在德国学习的主要课程是相对论、比较语言学。虽然有些人（如他的朋友罗家伦）说："他有了许多科学的方法和理论，又回头发现了他自己曾经储藏下的很多丰富的中国历史语文的知识，在此中可以另辟天地。"（傅乐成《傅孟真先生年谱》，见《傅斯年全集》第7册274页）这样说，固然也有些道理，但能否反过来这样考虑：如果他在欧洲能以史学为主，旁及自然科学，对他后来再回过头来治史，效用是否会更大些？实际上，就他当时的主观愿望说，他是有改学自然科学就以自然科学为终生事业之心的。如他给胡适的信说："我到伦敦后，于University College（大学学院）听课一学期，现已放暑假。以后当专致力于心理学。以此终身，倒也有趣……近中温习化学、物理学、数学等，兴味很浓。回想在北大的六年，一误于预科乙部（偏重文史），再误于文科国文门，言之可叹。"（《胡适往来书信集》，中华书局1983年版）可以看出，他学心理学、自然科学，是想以此为终生事业的，并非想以此为治学方法，日后对治史有用。他既以在北大六年治中国之学为误，国学不能为治心理学之方法，则他学心理学、生物学、数学，不是为日后作史学、语言学之方法，就是很明白的了。

在欧洲数年，他是博览群书的，文学、史学的名著也一定读了不少。史学方面他受到德国史学名家一代大师兰克（Leopold von Ranke，1795—1886）的影响。

我对兰克的史学，知道得很少。知道的一点是：兰克认为重视史料，把史料分类摆出来就是历史，历史是超然物外，不偏不倚的，历史学就是史料学。他不同意说“历史的任务是判断过去并且为了将来的世代利益而教导现在，历史著作只在说明真正发生过的事情”，这是纯客观的历史主义。

傅斯年的史学受兰克很大影响。他说：“近代的历史学只是史料学。”“我们反对疏通，我们只是把材料整理好，则事实自然显明了。一分材料出一分货，十分材料出十分货，没有材料便不出货。两件事实之间，隔着一大段，把它们联系起来的一切设想，自然有些也是多多少少可以容许的，但推论是危险的事……材料之内使它发见无遗，材料之外我们一点也不越过去说。”（见《历史语言研究所工作之旨趣》）这里就很有兰克的影响。

这段话，可以说反映了傅斯年的主要史学思想。一、近代的历史学只是史料学。这句话是有问题的，史料学很重要，是历史学的基础；史料的整理，是历史学的重要部分。但历史学不仅是史料学。史料学考订史料的真伪，史料记载的准确性，史料写定的时代，等等。但这些只是历史学中的文献学、史料学的任务，而不是整个历史学。历史学的内涵面要更宽广，而且主要是研究人类过去的史迹，反映出它的真实的本来面目。

二、“一分材料出一分货，十分材料出十分货，没有材料便不出货。”这话听来好像很对，没有材料你出什么货？没有史料你写什么历史？但深入追寻一下，也是有问题的。譬如说，先秦的史料，是两千年来都存在的。为什么同样一分材料，不同的人就各有各的解释、各有各的不同的货出来？傅先生在《民族与古代中国史》这本未完成的大著里的几篇文章，都被评为有“创始性”、“突破性”第一流的好文章。材料都古已有之，为什么两千年来的史学家不能在这一分材料中出一分货、十分材料中出十分货，要待傅先生来出这么多新货？譬如“先进于礼乐野人也，后进于礼乐君子也”，《论语》上的这句话，古往今来也有好多人在这一分材料上出了各色不同的一分货，却待先生在《周东封与殷遗民》里才在这一分材料中出了一分真货。所以，不是一分材料出一分货，而是同一分材料在不同人的脑袋里，在不同时代的人的脑袋里可以出好多分货。

主张史学即史料学、一分材料一分货的，主要是反对预先在脑子里有个理论或方法。这种反对是没有用的。自古以来，人人都有自己的思想，也就是他的理论。人在和客观实体的接触中都有反映。他对客观的反映，就是他从客观中取得的“理论”（意识），这“理论”再回到他处理和客观实体的接触时，就成为他的“方法”。几千年来人类从和客观实体的接触及和人群自我的接触中，不断提高自己的认识，也就是不断提高自己的理论。人和人的接触中，人和社会的接触中，不可能没有自己的理论。反对研究历史先在脑子里有个方法和理论的人，其实自己也是先在脑子里已有他自己的方法和理论的，只是各人脑子里的方法和理论不同，有先进、落后，正确（或部分正确）、错误的区别而已。傅斯年何尝没有他自己的理论。他说过“后人想在前人工作上增高，第一要能得到并且能利用前人不曾见或不曾用的材料，第二要比前人有更细密、更确切的分辨力”（《中国古代文学史讲义·史料论略》）。这分辨力，就是他的理论。

三、“两件事实之间，隔着一大段，把它们联系起来的一切设想，自然有些也是多多少少可以容许的，但推论是危险的事……材料之内使它发见无遗，材料之外我们一点也不越过去说。”这话也是有问题的。人世间，人与自然之间，人与人之间，事物与事物之间，有着千丝万缕的联系，这种联系有的看不见、摸不着，但联系确实是存在的。两种事物之间可能隔着一大段，把它们联系起来的设想和推论，不但没有危险，反而能看到、看透事物的真情深意。就历史学家来说，陈寅恪先生就是最显著的一例。陈寅恪善于把一些看来好像全无联系的材料组织起来，发现出一些重要现象，解决些重要历史问题。陈寅恪先生的高明就在这里，他很多独到的见解都是从事物的联系上发现的。就是傅斯年先生，他的高明处也是在这里。他在文章中也是常常把中间隔着一大段的两种事实甚或多种事实，用设想或推论联系到一起而发现更多更高的认识的。

“吾爱吾师，吾尤爱真理。”吾师在天有灵，当仍会喜爱此顽愚学生的真诚真情，莞尔而笑。不会说我灭师灭祖，把我赶出师门的。

目 录

夷夏东西说

这一篇文是我在“九一八”以前所作《民族与古代中国史》一书中的三章。这一书已成之稿，大致写在“九一八”前两年至半年间。这三章是（民国）二十年（1931年）春天写的，因时局的影响，研究所迁徙两次，我的工作全不能照预定呈现，所以这一书始终不曾整理完。现在把其中的三章，即本文的三章，编成一文，敬为蔡孑民师寿。因为本是一部书，所以中间常提到他章，现在改作“别见某文，未刊”。这一篇中的中心思想，是我十余年前的见解，此数章写成亦在数年前。这几年中我没有在这一线上用功夫，所以除字句略加修正及末一节以外，几全是当年的原文。此文本应附图，现在亦来不及作了。

（民国）二十三年十月

自东汉末以来的中国史，常常分南北，或者是政治的分裂，或者由于北方为外族所统制。但这个现象不能倒安在古代史上。到东汉，长江流域才大发达。到孙吴时，长江流域才有独立的大政治组织。在三代时及三代以前，政治的演进，由部落到帝国，是以河、济、淮流域为地盘的。在这片大地中，地理的形势只有东西之分，并无南北之限。历史凭借地理而生，这两千年的对峙，是东西而不是南北。现在以考察古地理为研究古史的一个道路，似足以证明三代及近于三代之前期，大体上有东西不同的两个系统。这两个系统，因对峙而生争斗，因争斗而起混合，因混合而文化进展。夷与商属于东系，夏与周属于西系。以下四章是为求能证明这个设定而写的。先从商代说起，上溯夏后世者，因为后王事迹多，容易看清楚，先讨论他，于了解此文之命意上似乎便当些。

一、亳—商—殷

1. 商代发迹于东北渤海与古兖州是其建业之地

下列数事，合起来可证成本节标题所假定。

甲、《诗·商颂》：“天命玄鸟，降而生商。”又，“有娀方将，帝立子生商”。这个故事的意义，可以《吕氏春秋·音初篇》所记说明之。

有娀有二佚女，为之九成之台，饮食必以鼓。帝令燕往视之，鸣若谥隘。二女爱而争搏之，覆以玉筐。少选，发而视之，燕遗二卵北飞，遂不反。二女作歌，一终曰："燕燕往飞。"实始作为北音。

《商颂》中所谓"玄鸟"及"有娀"之本事，当即此说之内容。此一神话之核心，在于宗祖以卵生而创业。后代神话与此说属于一源而分化者，全在东北民族及淮夷。现在将此神话之重要材料录于下方。

《论衡·吉验篇》：

北夷橐离国王侍婢有娠，王欲杀之。婢对曰："有气大如鸡子，从天而下，我故有娠。"后产子，捐于猪溷中，猪以口气嘘之，不死。复徙置马栏中，欲使马藉杀之，马复以口气嘘之，不死。王疑以为天子，令其母收取，奴畜之，名东明，令牧牛马。东明善射，王恐夺其国也，欲杀之。东明走，南至掩滤水，以弓击水，鱼鳖浮为桥，东明得渡。鱼鳖解散，追兵不得渡。因都王夫余，故北夷有夫余国焉。

（《魏志·三十·夫余传》注引《魏略》同。）

《魏书·高句丽传》：

高句丽者，出于夫余。自言先祖朱蒙。朱蒙母河伯女，为夫余王闭于室中，为日所照，引身避之，日影又逐，既而有孕，生一卵，大如五升。夫余王弃之与犬，犬不食。弃之与豕，豕又不食。弃之于路，牛马避之。后弃之野，众鸟以毛茹之。夫余王割剖之，不能破，遂还其母。其母以物裹之，置于暖处，有一男破壳而出。及其长也，字之曰朱蒙。其俗言朱蒙者，善射也。夫余人以朱蒙非人所生，将有异志，请除之。王不听，命之养马。朱蒙每私试，知有善恶，骏者减食令瘦，驽者善养令肥。夫余王以肥者自乘，以瘦者给朱蒙。后狩于田，以朱蒙善射，限之一矢。朱蒙虽矢少，殪兽甚多。夫余之臣又谋杀之。朱蒙母阴知，告朱蒙曰："国将害汝，以汝才略，宜远适四方。"朱蒙乃与乌引、乌违等二人弃夫余东南走。中道遇一大水，欲济无梁，夫余人追之甚急。朱蒙告水曰："我是日子，河伯外孙，今日逃走，追兵垂及，如何得济？"于是鱼鳖并浮，为之成桥。朱蒙得渡，鱼鳖乃解，追骑不得渡。朱蒙遂至普述水，遇见三人，其一人著麻衣，一人著衲衣，一人著水藻衣，与朱蒙至纥升骨城，遂居焉。号曰高句丽，因以为氏焉。

《高丽好大王碑》：

惟昔始祖邹牟王之创基也，出自北夫余，天帝之子，母河伯女郎。剖卵降世，生而有圣德。□□□□□命驾巡幸南下，路由夫余奄利大水。王临津言曰："我是皇天之子，母河伯女郎，邹牟王，为我连葭浮龟。"应声即为连葭浮龟。然后造渡，于沸流谷，忽本西，城山上而建都焉。永乐□位，因遣黄龙来下迎王。王于忽本东冈，黄龙负升天。

高丽王氏朝金富轼撰《三国史记·高句骊纪》：

始祖东明圣王姓高氏，讳朱蒙（一云邹牟，一云象解）。先是扶余王解夫娄老，无子，祭山川求嗣。其所御马至鲲渊，见大石，相对流泪。王怪之，使人转其石，有小儿，金色，蛙形（蛙一作蜗）。王喜曰："此乃天赉我令胤乎？"乃收而养之，名曰金蛙。及其长，立为太子。后其相阿兰弗曰："日者天降我曰：'将使吾子孙立国于此，汝其避之东海之滨，有地号曰迦叶原，土壤膏腴，宜五谷，可都也。’”阿兰弗遂劝王移都于彼国，号东扶余。其旧都有人，不知所从来，自称天帝子解慕漱来都焉。及解夫娄薨，金蛙嗣立。于是时得女子于太白山南优渤水，问之，曰：“我是河伯之女，名柳花，与诸弟出游，时有一男子自言天帝子解慕漱，诱我于熊心山下鸭绿边室中私之，即往不返，父母责我无媒而从人，遂谪居优渤水。”金蛙异之，幽闭于室中。为日所炤，引身避之，日影又遂而照之，因而有孕。生一卵，大如五升许，王弃之于犬豕，皆不食。又弃之路中，牛马避之。后弃之野，鸟覆翼之。王欲剖之，不能破，遂还其母。其母以物裹之，置于暖处，有一男儿破壳而出，骨表英奇。年甫七岁，嶷然异常，自作弓矢射之，百发百中。扶余俗语善射为朱蒙，故以名云。金蛙有七子，常与朱蒙游戏，其伎能皆不及朱蒙。其长子带素言于王曰：“朱蒙非人所生，其为人也勇，若不早图，恐有后患，请除之。”王不听，使之养马。朱蒙知其骏者而减食令瘦，驽者善养令肥。王以肥者自乘，瘦者给朱蒙。后猎于野，以朱蒙善射，与其矢小，而朱蒙殪兽甚多。王子及诸臣又谋杀之，朱蒙母阴知之，告曰：“国人将害汝，以汝才略，何往而不可？与其迟留而受辱，不若远适以有为。”朱蒙乃与乌伊摩离陕父等三人为友，行至淹滤水（一名盖斯水，在今鸭绿东北），欲渡无梁，恐为追兵所迫，告水曰："我是天帝子，河伯外孙，今日逃走，追者垂及，如何？"于是鱼鳖浮出成桥，朱蒙得渡，鱼鳖乃解，追骑不得渡。朱蒙行至毛屯谷（《魏书》云至普述水），遇三人，其一人着麻衣，一人着衲衣，一人着水藻衣。朱蒙问曰："子等何许人也？何姓何名乎？"麻衣者曰："名再思。"衲衣者曰："名武骨。"水藻衣者曰："名默居。"而不言姓。朱蒙赐再思姓克氏，武骨仲室氏，默居少室氏。乃告于众曰："我方承景命，欲启元基，而适遇此三贤，岂非天赐乎？"遂揆其能，各任以事，与之俱至卒本川（《魏书》云至纥升骨城）。观其土壤肥美，山河险固，遂欲都焉，而未遑作宫室，但结庐于沸流水上居之。国号高句丽，因以高为氏（一云，朱蒙至卒本，扶余王无子，见朱蒙，知非常人，以其女妻之。王薨，朱蒙嗣位）。时朱蒙年二十二岁，是汉孝元帝建昭二年（前37年）。

朝鲜《旧三国史·东明王本纪》（按，原书已佚，日人今西龙在《内藤虎次郎颂寿纪念史学论丛》中所作《朱蒙传说》据高丽王氏朝李奎报《李相国文集》中之"东明王篇注释"辑录成篇，并以朝鲜《世宗实录》、《地理志·平安道》"平壤”条所载者补订之。此处所引，即据今西龙氏辑文）：

夫余王解夫娄老无子，祭山川求嗣。所御马至鲲渊，见大石流泪。王怪之，使人转其石，有小儿金色蛙形。王曰：“此天赐我令胤乎？”乃收养之，名曰金蛙，立为太子。其相阿兰弗曰：“日者天降我曰，将使吾子孙立国于此，汝其避之东海之滨，有地号迦叶原，土宜五谷，可都也。”阿兰弗劝王移都，号东夫余。于旧都解慕漱，为天帝子来都。汉神爵三年壬戌岁（前59年）（四月甲寅），天帝遣太子降游扶余王古都，号解慕漱。从天而下，乘五龙车，从者百余人，皆骑白鹄，彩云浮于上，音乐动云中，止熊心山，经十余日始下。首戴乌羽之冠，腰带剑光之剑，朝则听事，暮即升天，世谓之天王郎。城北青河（今鸭绿江也）河伯有三女，长曰柳花，次曰萱花，季曰苇花。三女自青河出游熊心渊上，神姿艳丽，杂佩锵洋，与汉皋无异。王谓左右曰：“得而为妃可有后胤。”其女见王，即入水。左右曰：“大王何不作宫殿，俟女入室，当户遮之？”王以为然。以马鞭画地，铜室俄成，壮丽于空中。王三席置樽酒，其女各座其席，相欢，饮酒大醉，云云。王俟三女大醉，急出遮。女等惊走，长女柳花为王所止。河伯又怒，遣使告曰："汝是何人，留我女乎？"王报云："我是天帝之子，今欲与河伯结婚。"河伯又使告曰："汝若天帝之子，于我有求婚者，当使媒，云云，今辄留我女，何其失礼？"王惭之，将往见河伯，不能入室。欲放其女，女既与王定情，不肯离去，乃劝王曰："如有龙车，可到河伯之国。"王指天而告，俄而五龙车从空而下。王与女乘车，风云忽起，至其宫。河伯备礼迎之，坐定，谓曰："婚姻之道，天下之通规，为何失礼辱我门宗？"河伯曰："王是天帝之子，有何神异？"王曰："唯在所试。"于是河伯于庭前水化为鲤，随浪而游，王化为獭而捕之。河伯又化为鹿而走，王化为豺逐之。河伯化为雉，王化为鹰击之。河伯以为诚是天帝之子，以礼成婚。恐王无将女之心，张乐置酒，劝王大醉（河伯之酒七日乃醒），与女入于小革舆中，载以龙车，欲令升天。其车未出水，王即酒醒。取女黄金钗，刺革舆，从孔独出升天。河伯大怒其女，曰："汝不从我训，终辱我门。"令右左绞挽女口，其唇吻长三尺，唯与奴婢二人贬于优渤水中。优渤，泽名，今在太伯山南。渔师强力扶邹告金蛙曰："近有盗梁中鱼而将去者，未知何兽也？"王乃使渔师以网引之，其网破裂。更造铁网引之，始得一女，坐石而出。其女唇长，不能言，令三截其唇，乃言。

王知天帝子妃，以别宫置之。其女怀牖中日曜，因以有娠。神雀四年癸亥岁（前58年）夏四月，生朱蒙。啼声甚伟，骨表英奇。初生，左腋生一卵，大如五升许。王怪之，曰：“人生鸟卵，可为不祥。”使人置之马牧，群马不践。弃于深山，百兽皆护。云阴之日，卵上恒有日光。王取卵送母养之，卵终乃开，得一男。生未经月，言语并实。谓母曰：“群蝇嘈目，不能睡，母为我作弓矢。”其母以荜作弓矢与之，自射纺车上蝇，发矢即中。扶余谓善射曰朱蒙。年至长大，才能兼备。金蛙有子七人，常共朱蒙游猎。王子及从者四十余人，唯获一鹿，朱蒙射鹿至多。王子妒之，乃执朱蒙缚树，夺鹿而去，朱蒙树拔而去。太子带素言于王曰：“朱蒙神勇之士，瞻视非常，若不早图，必有后患。”王使朱蒙牧马，欲试其意。朱蒙内怀恨，谓母曰：“我是天帝之孙，为人牧马，生不如死，欲往南土造国家，母在，不敢自专，云云。”其母曰：“此吾之所以日夜腐心也。”“吾闻士之涉长途者，顺凭骏足，吾能择马矣。”遂往牧马，即以长鞭乱捶，群马皆惊走，一骍马跳过二丈之栏。朱蒙知马骏逸，潜以针捶马舌，痛不食水草，其马瘦悴。王巡行马牧，见群马悉肥，大喜，仍以瘦锡朱蒙。朱蒙得之，拔其针加喂云。暗结乌伊摩离陕父等三人，南行至淹滤，一名盖斯水，在今鸭绿东北，欲渡无舟。恐追兵奄及，乃以策指天，慨然叹曰："我天帝之孙，河伯之甥，今避难至此，皇天后土怜我孤子，速致舟桥。"言讫，以弓打水，鱼鳖浮出成桥，朱蒙乃得渡。良久，追兵至。追兵至河，鱼鳖桥即灭，已上桥者皆没死。朱蒙临别，不忍睽违。其母曰："汝勿以一母为念。"乃裹五谷种以送之。朱蒙自切生别之心，忘其麦子。朱蒙息大树之下，有双鸠来集。朱蒙曰："应是神母使送麦子。"乃引弓射之，一矢俱举，开喉得麦子。以水喷鸠，更苏而飞去，云云。王行至卒本川，庐于沸流水上，国号为高句丽。王自坐茀绝之上，略定君臣神。（中略）在位十九年，秋九月，王升天不下，时年四十。太子以所遗玉鞭葬于龙山，云云。（下略）

《清太祖武皇帝实录》（故宫博物院藏本。按，《清太祖实录》今已发见者有三本：一名《太祖武皇帝实录》，藏北平故宫博物院，是最初本；一名《太祖高皇帝实录》，是一稿本，涂改数遍，藏中央研究院历史语言研究所。一亦名《太祖高皇帝实录》，藏北平故宫博物院，已由该院印出，此为最后之本。又有《满洲实录》，藏沈阳故宫博物院，已由该院影印，文饰较少，当在故宫第一本及中央研究院稿本之间。今录故宫第一本，而注明沈阳本之异文）：

长白山高约二百里，周围约千里。此山之上有一潭名他门（沈阳本作闼门），周约八十里。鸭绿、混同、爱滹三江，俱从此山流出。鸭绿江自山南泻出向西流，直入辽东之南海。混同江自山北泻出向北流，直入北海。爱滹江向东流，直入东海。此三江中每出珠宝。长白山山高地寒，风劲不休，夏日，环山之兽俱投憩此山中（沈阳本此下有云，此山尽是浮石，乃东北一名山也）。

满洲源流。

满洲原起于长白山之东北布库里山下一泊，名布尔（沈阳本作勒）湖里。初，天降三仙女浴于泊，长名恩古伦，次名正古伦，三名佛库（一作古，沈阳本作库）伦，浴毕上岸，有神鹊衔一朱果置佛库伦衣上，色甚鲜妍。佛库伦爱之不忍释手，遂衔口中。甫著衣，其果入腹中，即感而成孕。告二姊曰："吾觉腹重不能同升，奈何？"二姊曰："吾等曾服丹药，谅无死理，此乃天意，俟尔身轻上升未晚。"遂别去。佛库伦后生一男，生而能言，倏尔长成。母告子曰："天生汝，实令汝为夷国主（沈阳本作以定乱国），可往彼处将所生缘由一一详说。"乃与一舟，"顺水去，即其地也。”言讫，忽不见。其子乘舟顺流而下，至于人居之处，登岸，折柳条为坐具，似椅形，独踞其上。彼时长白山东南鳌莫惠（地名）、鳌多理（城名，此两名沈阳本作鄂谟辉、鄂多理），内有三姓夷酋争长（沈阳本作争为雄长），终日互相杀伤。适一人来取水，见其子举止奇异，相貌非常，回至争斗之处，告众曰：“汝等无争，我于取水处遇一奇男子，非凡人也。想天不虚生此人，盍往观之？”三酋长（沈阳本作三姓人）闻言罢战，同众往观。及见，果非常人，异而诘之。答曰：“我乃天女佛库伦所生，姓爱新［华语（沈阳本作汉言）金也］觉罗（姓也），名布库理雍顺，天降我定汝等之乱。”因将母所属之言，详告之。众皆惊异曰：“此人不可使之徒行。”遂相插手为舆，拥捧（沈阳本作护）而回。三姓人息争，共奉布库里英雄（沈阳本作哩雍顺）为主，以百里女妻之。其国定号满洲，乃其始祖也（南朝误名建州）。

如上所引，可知此一传说在东北各部族中之普遍与绵长。此即东北人之“人降”神话，在东北人以外，古淮夷亦有此神话，《史记·秦本纪》：

秦之先，帝颛顼之苗裔孙曰女修。女修织，玄鸟陨卵，女修吞之，生子大业。大业取少典之子，曰女华，女华生大费，与禹平水土。

按，此虽记秦之祖，然实叙夷淮之祖，因秦本嬴姓，嬴姓在商代，凭殷人西向之势，自岱南出建部落于西北，事见《秦本纪》。淮夷本是东海上部类，《诗·鲁颂》“至于海邦，淮夷来同”是其证。然则淮夷与东北沿海诸族同其人降之神话，本不足怪。且此处之神话，明明归本于颛顼氏，颛顼正是东北方部落之宗神。《晋书》卷一百八（慕容）“廆以大棘城即帝颛顼之墟也”可以为证。据此考量，淮夷有此神话，正自东北来，即当入之东北一类中也。

然而此一神话殊不以东北为限，殷商亦然。《诗》所谓“天命玄鸟，降而生商”，所谓“有娀方将，帝立子生商”者。据《郑笺》云：“天使鳦下而生商者，谓鳦遗卵，有娀氏之女简狄吞之而生契。”是谓玄鸟之卵，入有娀氏女之腹，遂生商祖。然则《商颂》中此一神话，与上文所举后来东北各部族中之神话，明明白白是一件事，至少是一个来源，持此以证商代来自东北，固为不足；持此以证商代之来源与东北有密切关系，至少亦是文化的深切接触与混合，乃是颇充足，很显然的。[①]

乙、《诗·商颂》：“宅殷土芒芒。”我们要看商所宅之殷土在何处。自武乙以来所都之处，《史记》称之曰殷墟，殷墟正在洹水南岸，今河南安阳境。不过这是后来的话，不足证殷商之本在河北。当更由他法寻求称殷商部族之本土。《吕氏春秋·慎大览》：“亲郼如夏。”高诱曰：“郼读如衣，今兖州人谓殷氏皆曰衣。”毕沅证之曰：“书武成，殪戎殷，中庸作壹戎衣，二字声本相近。”然则殷即郼，郼、韦、卫三字当为一字之异体。今能寻卫、韦之所在，则殷土之原来地望可知。卫者，康侯封所受之旧名，康侯之国名卫，并非康侯自他处带去（若燕之本不在蓟，鲁之本不在曲阜）。而为其地之旧名者，可以下列考量证之。康叔本封于康，故建侯于卫时犹曰康叔，其子犹曰康伯，从此可知卫为昧邦（即《诗》之沬乡牧野）之本名，当今彰德、卫辉、大名一带之地。韦者，一曰豕韦，《左传》哀二十四年（前471年）杜注曰：“东郡白马县东南有韦城。”晋白马县，当今滑县东境一带，其四围正在古所谓河济之间。《吕氏春秋·有始览》又云：“河济之间为兖

① 此节含义已见拙著《东北史纲》初稿第一卷一四至二四页。彼处于本文所引资料外，更及“妣乙”一词。今承董作宾先生告我：“王国维所释‘妣乙’二文实是‘河’字，其‘[illegible]’一字，则为‘岳’字。”按董说甚确，故删是段。

州，卫也。”此尤明示卫之地望，更由此可知称殷之原来所在。其实殷、兖（古作“沇”）二字，或者也不免是一词之变化，音韵上非不可能。此说如不错，则殷、衣、韦、郼、卫、沇、兖，尽由一源，只缘古今异时，成殊名耳。商之先世，于建业蒙亳之先（说详下）宅此殷土，则成汤以前先公发祥自北而南之踪迹，可以推知矣。

丙、《诗·商颂》：“相土烈烈，海外有截。”试为“景员维河”之国家设想，最近之海为渤海，最近可能之海外为辽东半岛或朝鲜西北境。相土为商代甚早之先王，在契之后、汤之前，并在王恒、王亥之前。以如此早之一代，竟能戡定海外，则其根据地必去渤海不远。纣殁后，殷人以亡国之余，犹得凭箕子以保朝鲜，朝鲜如不早在其统治之内，甚难以亡国余烬，远建海邦。然则箕子之东，只是退保辽水之外，“从先王居”而已，犹之金亡后犹在混同江边保其女真族，元亡后犹在漠南北保其蒙古族。①

据以上三事，则最早最可信之史料——《商颂》——已明明告我们，殷代之祖先起自东北方矣！然证据尚不只此。

丁、王恒亦是殷先王世系中甚早者，他与有易有一段相杀的

① 《左传》昭九：“肃慎燕亳，吾北土也。”此当为亳之本土，说详下。又，朝鲜一词不见六经，按之司马相如《上林赋》“齐……斜与肃慎为界”，西汉齐国之斜界正为朝鲜，或者战国以来所谓朝鲜，即古之肃慎耶？说别详。

故事（王国维考之甚确）。按，都邑之名每以迁徙而移，水名则不移。有易之地望可以易水所在推知其概。王恒、王亥、上甲微三世既皆与有易发生关系，而王恒且为有易虏去做牧夫，则此时殷先公之国境，必与有易毗连可知，即必在今河北省境北部或中部可知。查王国维所证与此事有涉之《天问》十二韵云：

> 该（亥）秉季德，厥父是臧，胡终弊于有扈（易之误，据王考），牧夫牛羊？干协时舞，何以怀之？平胁曼肤，何以肥之？有扈（易）牧竖，云何而逢？击床先出，其命何从？恒秉季德，焉得夫朴牛？何往营班禄，不但（疑旦之误）还来？昏微遵迹，有狄（易之借字，据王考）不宁，何繁鸟萃棘（疑林之误），负子肆情？眩（亥）[1]弟并淫，危害厥兄，何变化以作诈，而后嗣逢长？

今更据文义推测此一故事之大略面目。一个故事，每因同源异流之故，化为几个不同的面目。现在看看《天问》中这个

① 此处眩字疑亦亥之误字。盖上文正说王亥、王恒、上甲微，下文又说汤之创业，不应中间忽插入舜象故事，如王逸所解者。即使信《国语》“商人禘舜”之舜字不误，亦应列于“简狄在台喾何喜”之前。《天问》骤看似语无伦次者，然若以“故事系统”论其次序，以韵读定其错间或不错，当知实非漫无连贯者。故舜事无论如何解，不当入之此处也。又眩、胲二字在篆文虽不可乱，在隶书则甚易讹也。

故事的面目，果与其他记同一故事者合否。照这十几韵中的含义，大约殷王季是这个故事中一个重要的人物，大约服牛之功是当归之于季的，所以谈到他的儿子们，一则曰："该秉季德。"再则曰："恒秉季德。"此点正与《国语》《祭统》合，二者皆以为冥（据王考，即季）有大功。然则王氏以为"《山海经》《天问》《吕览》《世本》皆以王亥为始作服牛之人"，在《天问》或不如此。《天问》既曰该恒秉季德，是此一重要制作，在王亥不过承袭父业，或者《天问》作者心中是以王季担此制作之任者。王季有几个儿子，其中亥、恒皆能秉父德，不幸亥之诸弟（恒当除外）实行"共妻主义"，偏这群人自己没遭祸事，祸事到老兄头上，所谓"危害厥兄"也。此与郭璞《大荒东经注》引《竹书》所云："殷王子亥，宾于有易而淫焉，有易之君绵臣杀而放之。"当系一件故事之不同说法，《竹书》归罪于王亥，《天问》归罪于其弟耳。所谓"昏微遵迹，有狄不宁"者，盖上甲微在国败君亡之后，能振作旧业，压迫有狄，有狄为之不宁，此与《鲁语》《祭统》所谓"上甲微能帅契"者相合。不过，据《天问》之发问者，微不是王亥之子，而是亥之弟之子，故有天道难知之感，以并淫作诈害及子兄之人，其后嗣乃能长盛，为不平也。如上所析解此一故事，诸书用之者大同小异，盖此故事至晚周已有不同之面目。然其中有一点绝无异者，即汤之先世在此期中历与有易斗争，卒能胜有易，故后世乃大。夫易水所在，古今未改，有易所在，即可推知。以数世与有易斗争之国，必为有易之邻国可知，必在今河北省中部或南部亦可知矣。

戊、《山海经》中所说之地望，初看似错乱，如匈奴见于南方，流沙见于东方之类。但全部排比一下，颇有一个线索可寻，而《大荒经》中之东西南北，尤不紊乱。今将《大荒东经》中所载一切帝王之迹抄之如下：

> 东海之外，大壑，少昊之国，少昊孺帝颛顼于此。
>
> 大荒之中，有山名曰合虚，日月所出。有中容之国：帝俊生中容。
>
> 有司幽之国：帝俊生晏龙，晏龙生司幽。
>
> 有白民之国：帝俊生帝鸿，帝鸿生白民。
>
> 有黑齿之国：帝俊生黑齿，姜姓。
>
> 东海之渚中有神，人面鸟身，珥两黄蛇，践两黄蛇，名曰禺虢（《北经》作禺號）。黄帝生禺虢，禺虢生禺京。禺京处北海，禺虢处东海，是惟海神。
>
> 有困民国，勾姓，而食（郝懿行云，勾姓下而食上当有阙脱），有人曰王亥。两手操鸟，方食其头。王亥托于

有易，河伯仆牛。有易杀王亥，取仆牛。河念有易，有易潜出为国于兽方食之，名曰摇民。帝舜生戏，戏生摇民。

有五采之鸟相乡弃沙，惟帝俊下友。

东荒之中有山，名曰壑明俊疾，日月所出，有中容之国。

东海中有流波山……其上有兽……其名曰夔，黄帝得之，以其皮为鼓。

据此我们可说帝俊竟是《大荒东经》中唯一之帝。此外少昊一见，谓其孺颛顼于此；黄帝二见，一谓其为处于东海之禺虢之祖，一谓其得夔；舜一见，谓其为摇民之祖，皆不多见。至于中容王亥，一为俊之子，一则殷先王，正在一系中。又帝俊之见于他卷者，仅《大荒南经》："帝俊妻娥皇，生此三身之国"，"帝俊生季釐"，"羲和者，帝俊之妻"。《大荒西经》："帝俊妻常羲。"《大荒北经》："东北海之外，大荒之中，河水之间，附禺之山……帝颛顼有九嫔葬焉……丘方员三百里，丘南帝俊竹林在焉，大可为舟……丘西有沉渊，颛顼所浴。"及《海内经》末段之综记帝族统系。除《海内经》末段另文详论外，所有《大荒经》南西北三方中之帝俊，多是娥皇一故事之分化。至《大荒北经》所记帝俊竹林，虽列入《北经》，按其所述之地望，实在东北。由此统计以看帝俊之迹及其宗族，独占东北方最重要之位置。帝俊既见于殷墟文字，称曰高祖，而帝俊之地望如此，则殷代龙兴之所在可知。

综上列五事以看，直接史料与间接史料相互参会，均指示我们商起于东北，此一说谓之为已经证成可也。

2. 亳

然而竟有人把商代也算到西方去，其故大概由于亳之地望未看清楚，太史公又曾胡里胡涂说了一句。他说："或曰：'东方物所始生，西方物之成熟。'夫作事者必于东南，收功实者常于西北。故禹兴于西羌；汤起于亳；周之王也，以丰镐伐殷；秦之帝用雍州兴；汉之兴自蜀汉。"这话里边，只汤起于亳一说为无着落，而徐广偏"希意承旨"，以说"京兆杜县有亳亭"，于是三亳、阪尹之外，复有此西亳，而商起东北之事实，竟有太史公之权威做他的反证！[①]查亳之所在，皇

① 按，京兆有亳亭一说，《史记》曾言及。《封禅书》记秦地诸祠祀有云："于社亳有三社主之祠。"《秦本纪》云："宁公二年……遣兵伐荡社。三年，与亳战，亳王奔戎，遂灭荡社。"《索隐》曰："西戎之君，号曰亳王。盖成汤之胤。"《集解》引皇甫谧曰："亳王号汤，西夷之国……非殷也。"据此，知周桓王时之亳王，乃西戎君长，不关殷商。其居京兆杜县，当由犬戎之乱，入据畿甸。西周盛时，断不容卧榻之旁，由人酣睡。意者殷克鬼方后，子姓有统率戎人部落者，逮殷之灭，遂袭亳王之号，及周之乱，遂据杜县。无论此说当否，此乃后代事，不能据之以证商代之渊源。商人何来，固当以早年地理证之，亳人发迹之所在求之。若求之于八九百年后之地名，恐无当矣。

甫谧已辨之，宋人亦有论及。在近代，有孙星衍（见外集《汤都考》）、胡天游（见《石笥山房集》）、郝懿行（见《山海经笺疏》）、金鹗（见《求古录礼说》）、毕亨（见《九水山房文存》）、王国维（见《观堂集林》）皆主偃师之西亳为后起之亳，汤之始都应在东方。汤自东徂西之事，在今日已可为定论。诸家所说，今不具引，仅于所论之外，补申两事：

甲、亳实一迁徙之名。地名之以居者而迁徙，周代犹然。宗周、成周虽于周上冠字，其号周则一。鲁本不在今山东南境，燕本不在今河北北境，皆因徙封而迁（说见《大东小东说》）。韩本在渭水流域，而《诗·韩奕》“燕师所完”，“以为北伯”之韩，必在今河北省境。魏本在河东，而迁大梁后犹号魏。汉虽仍封梁王于此，而曹魏初建国，仍在此地。后世尚如此，早年“无定居”时迁徙较易，则洛邑号周，韦墟号商，亦甚自然。鲁有亳社之遗，可知亳者乃商人最初之国号，国王易其居，而亳易其地，原来不是亳有好些个，乃是亳王好搬动。或者有亳社之地皆可称亳。王国维君证汤之亳为汉之山阳郡薄县（今山东曹县境），以《左传》哀十四年（前481年）“宋景公曰，薄宗邑也”为证，其说至确，然不可谓汤之所居但以此为限。偃师之亳虽无确证，然汤实灭夏，夏之区宇布于今山西、河南省中，兼及陕西，而其本土在河东（详下章）。《史记》："汤遂率兵以伐夏桀，桀走鸣条。"《集解》引孔安国曰："地在安邑之西。"按之《吕览》等书记吴起对魏武侯云："夏桀之国左河济，右太行，伊阙在其南，羊肠在其北。"则鸣条在河东或不误。然则汤对夏用兵以偃师一带地为根据，亦非不可能者。且齐侯镈钟云："虩虩成唐（阳），又敢（严）十（在）帝所。尃受天命，删伐夏司，𢿋（败）厥灵师。伊少（小）臣隹𫜓（辅）。咸有九州，处禹之堵（都）。"（从孙仲容释）则成汤实灭夏桀而居其土。此器虽是春秋中世之器，然此传说必古而有据。又南亳虽若偏于南隅，然相传成汤放桀于南巢，南巢竟远在庐州境，则南亳未必非汤所曾至。大凡此等传说，无以证明其然，亦无以证明其不然。如以亳为城郭宫室俱备之都邑，则汤之亳自当只有一个。如以其为兵站而有社以祷之所，则正应不只一地。且汤时兵力已甚盛，千里之间，南征北战，当是史实。不过汤之中央都邑，固当以近于商宋者为差是耳。

此外济河流域中以薄或博名者，尚有数处，其来源虽有不可知者，然以声类考之，皆可为亳之音转。

蒲姑。《左传》昭九年（前533年）："及武王克商……蒲姑商奄，吾东土也……肃慎燕亳，吾北土也。"《齐世家》作蒲姑，《诗·毛传》同。杜云："乐安博昌县北有薄姑城。"

按，《汉志》千乘郡已有博昌县，当今山东博兴县。

肃慎、燕亳之亳。此亳所在杜无说，孔谓小国不知所在。然既与肃慎、燕并举，当邻于肃慎及燕。

据司马相如《子虚赋》，齐“斜与肃慎为界”，是古肃慎当即汉之朝鲜，与后世之挹娄无涉。或者此一在东北之亳即亳之初地，亦未可知。

齐博邑。在泰山下，见《齐策》。

汉东郡博平县。在济水之北，今山东博平县境。《田齐世家》之博陵，《苏秦张仪传》之博关，当即此博。

杨守敬曰：“余以为秦县之名率本于前，其有地见春秋战国而汉又有其县者，诸家虽不言秦县，安知其非秦置？……使读者知秦之立县皆有所因，而《汉志》之不详说者，可消息得之矣。”（见《嬴秦郡县图·序》）此说甚通。博、博平二名虽见于后，渊源当有自耳。

又按，“亳”“薄”二字，同在唐韵入声十九铎，傍各切。“博”亦在十九铎，补各切。补为帮母之切字，傍为并母之切字，是“亳”“薄”二字对“博”之异仅在清浊。蒲姑之“蒲”在平声，然其声类与“亳”“薄”同，而蒲姑又在《诗·毛传》《左·杜注》中作薄姑，则“蒲”当与“薄”通。又十八铎之字在古有收喉之入声（-k），其韵质当为ak，而唇声字又皆有变成合口呼之可能，是则“蒲姑”两字正当“亳”之一音。亳字见于殷墟文字，当是本字（《殷墟文字类编》五卷十五页），博、薄、薄姑等，为其音转，以声类韵部求之，乃极接近。此虽未能证明之假设，却颇值得留意。

乙、蒲姑、博、薄、亳等地之分配，实沿济水两岸而逆流上行。试将此数地求之于地图上，则见其皆在济水故道之两岸，薄姑至于蒙亳皆如此。到西亳南亳方离开济水之两岸，但去济水流域仍不远。大凡一切荒古时代的都邑，不论在哪一州，多是在河岸上的。一因取水的供给，二因交通的便利。济水必是商代一个最重要的交通河流。殷墟发现的品物中，海产品甚多，贝类不待说，竟有不少的鲸骨。而卜辞所记，王常自渔，《左传》所谓渔“非君所及”者，乃全不适用于商王，使人发生其同于辽代君主在混同江上钓鱼之感。又“济”“齐”本是一字，如用以标水名，不着水旁亦可。洹水之“洹”有时作“亘”，可以为证。卜辞中有“齐餗”，而“齐餗”又近于夷方，此必指济水上地名而言（《殷墟书契前编》卷二第十五页，“癸巳，卜贞王旬亾𡆥，在二月，在齐餗，隹王来正〈征〉⺄〈夷〉方。”董彦堂先生示我此条）。商之先世或者竟逆济水而向上拓地，至于孟诸，遂有商丘，亦未可定。薄姑旧址去海滨不远。此一带海滨，近年因黄河之排沙，增加土地甚速。古时济漯诸水虽不能如黄河，亦当有同样而较弱之作用。然则薄姑地望正合于当年济水之入海口，是当时之河海大港无疑。至于“肃慎燕亳”之亳，既与肃慎、燕并举，或即为其比邻。若然，则此之一亳正当今河北省之渤海岸，去薄姑亦在数百里以至千里之内。今假定商之先世起源于此之一亳，然后入济水流域，逆济水西上，沿途所迁，凡建社之处皆以旧名名之，直到陕西省境，于是有如许多之亳。此设想虽不能直接证明，然如上文所排列之事实，唯似唯有此解能适合之。

3. 商代拓土之三期

商代享国六百年之说，今无从确证。《史记》所载之世系，按之卜辞，大体不差。虽帝王之历世甚多，然其间不少兄弟，或者《史记集解》引《汲冢纪年》“汤灭夏，以至于受，二十九王，用岁四百九十六年”之一说，较为可信。在此五百年中，大约有两个时期拓土最力，一是成汤时，一是武丁时，合之汤前之相土，共三个时期。此情形《商颂》中说得很明白。于相土曰：“相土烈烈，海外有截。”于汤曰：“武王载旆……九有有截。韦顾既伐，昆吾夏桀。”于武丁曰：“在武丁孙子。武丁孙子，武王靡不胜。龙旂十乘，大糦是承。邦畿千里，维民所止。肇域彼四海，四海来假。”照这样看，并参以他书所记载，这三个时期拓土的范围，当如下文所列。

甲、相土的东都，既在太山下，则其西部或及于济水之西岸。又曾戡定海外，当是以渤海为宇的。

乙、汤时建国在蒙亳，其广野即是所谓空桑，其大渚即是孟诸（即孟渚），盖已取东夷之国，少昊之故域，而为邦畿，而且北向对韦，西向对夏，南向对淮水流域，均拓土不少。

丙、盘庚涉河迁殷后，其西北向之势力更发达。重以“中宗祖乙”（参看初版《观堂集林》九卷二十页）“治民祗惧，不敢荒宁……享国七十有五年”。“高宗（武丁）时旧劳于外，爰暨小人……不敢荒宁……嘉靖殷邦……享国五十有九年。”“祖甲……旧为小人，作其即位，爰知小人之依，能保惠于庶民……享国三十有三年。”（均见《书·无逸》）故其势力能越太行，过伊洛，而至渭水。彼时南方之疆域今虽不可考，然既至南巢，已越淮水矣。又周称周侯，崇侯之国在丰，此虽藩国不同邦畿，然亦可见其声威所至。且“高宗伐鬼方，三年克之”一传说（见《易·下经》），证以《诗经》，尤可信。《大雅·荡》云：“文王曰咨，咨女殷商。如蜩如螗，如沸如羹。小大近丧，人尚乎由行。内奰于中国，覃及鬼方。”此虽记殷之衰乱，然衰乱时尚能波及于鬼方，强武时鬼方必为其臣属可知。关于鬼方之记载，初不见于发现之卜辞，今春中央研究院始发现一骨，其辞曰：“己酉卜，贞鬼方，囗。”这样记载的希少，似是鬼方既为殷人平定或威服之证。及纣之将亡，周人尚称之曰：“殷商之旅，其会如林。”而周人之翦服东方，历文武周公成王三世而“康克安之”。然则商人所建之帝国，盛时武力甚大，败后死而难僵。此一东起海东，西至岐阳之大帝国，在当时的文化程度中能建设起来，不能不算是一件绝伟大的事。想必凭特殊的武器及坚固的社会组织，方能做到。

二、夏　迹

商代发迹自东徂西的踪迹已在上一章大致条别清楚，向上推一步便是夏代，我们且看夏代的踪迹分布在何一方。

禹的踪迹的传说是无所不在的，北匈奴南百越都说是禹后，而龙门会稽禹之迹尤著名，即在古代僻居汶山（岷山）一带不通中国的蜀人，也一般的有治水传说（见扬雄《蜀王本纪》，臧氏辑本）。虽东方系之商人，也说“浚哲维商，长发其祥。洪水芒芒，禹敷下土方”，明明以禹为古之明神。不过春秋以前书中，禹但称禹，不称夏禹，犹之稷但称稷，不称夏稷或周稷，自启以后方称夏后。启之一字盖有始祖之意，汉避景帝讳改为开，足征启字之诂。其母系出于涂山氏，显见其以上所蒙之禹若虚悬者。盖禹是一神道，即中国之Osiris（古埃及的主神之一）。禹鲧之说，本中国之创世传说（Genesis）。虽夏后氏祀之为宗神，然其与夏后有如何之血统关系，颇不易断。若匈奴号为夏后之裔，于越号称少康之后，当皆是奉禹为神，于是演以为祖者。如耶稣教之耶和华上帝，本是犹太一族之宗神，故《创世纪》言其世系，而耶稣教推广到他民族时，奉其教之民族，亦群认耶和华为人祖，亚当为始宗矣。然则我们现在排比夏迹，对于关涉禹者应律除去，以后启以下为限，以免误以宗教之范围，作为国族之分布。

所谓夏后氏者，其名称甚怪，氏是族类，后为王号，何以于殷曰殷人，于周曰周人，独于夏曰夏后？意者诸夏之部落本甚多，而有一族为诸夏之盟长，此族遂号夏后氏。今将历代夏后之踪迹辑次如下：

1. 见于《左传》者

帝丘

僖三十一（前629年），“卫迁于帝丘……卫成公梦康叔曰：‘相夺予享。’公命祀相。宁武子不可，曰：‘鬼神非其族类，不歆其祀。杞鄫何事！相之不享，于此久矣，非卫之罪也！’”杜云：“帝丘，今东郡濮阳县。”

殽

僖三十二（前628年），“殽有二陵焉：其南陵，夏后皋之墓也；其北陵，文王之所避风雨也。”杜云：“殽在弘农渑池县西。”

穷石

此为夏之敌国，事见襄四年（前569年），本文及讨论均见下章。空桑又曰穷桑，见昭二十九年（前513年）。穷石当即空桑之音转。至斟灌过戈鬲诸地所在，则杜云：“有鬲国名，今平原鬲县。”“乐安寿光县东南有灌亭，北海平寿县东南有斟亭。”“东莱掖县北有过乡，戈在宋郑之间。”

有莘

僖二十八（前632年），记晋文城濮之战，有云：“晋侯登有莘之虚，以观师，曰：‘少长有礼，其可用也。’遂伐其木，以益其兵。己巳，晋师陈于莘北。”据此，有莘必去城濮甚近。有莘相传为夏诸侯，伊尹其一代之小臣也。

斟灌、斟寻

襄四（前569年），杜云：“乐安寿光县东南有灌亭，北海平寿县东南有斟亭。”按，《水经注·巨洋水篇》引薛瓒《汉书集注》云：“汲郡古文，相居斟灌，东郡观是也。”（段玉裁云：《经韵楼集》五今本《水经注》观讹为灌，而戴校未正）据此，斟灌仍在东郡，去帝丘不远。杜释此之误显然。此地既误释，其释斟寻之误亦可推知矣。

东夏

襄二十二（前551年），“晋人征朝于郑，郑人使少正公孙侨对曰：‘……间二年，闻君将靖东夏。四月又朝，以听事期。’杜云：‘谓二十年澶渊盟，先澶渊二月往朝，以听事期。’”按，以二十年经传所载事，杜说不误。至澶渊所在，杜云：“在顿丘县南，今名繁污，此卫地，又近戚田。”按，卫为东夏，则夏之本土当在东夏卫地之西，但持此一条以证夏境不在东土，已充足矣。

又昭元年（前541年），“子相晋国，以为盟主，于今七年矣。再合诸侯，三合大夫，服齐狄，宁东夏，平秦乱，城淳于。”杜于“宁东夏”下注云：“襄二十八年，齐侯白狄朝晋。”

又昭十五（前527年），“文公受之，以有南阳之田，抚征东夏。”按，晋文东征者为曹、卫，此又以曹、卫为东夏。

华夏

襄二十六（前547年），“子仪之乱，析公奔晋。晋人置诸戎车之殿，以为谋主……晋人从之，楚师宵溃，晋遂侵蔡，袭沈，获其君，败申息之师于桑隧，获申丽而还。郑于是不敢南面。楚失华夏，则析公之为也。”此指蔡、沈及邻于楚北境诸国为华夏。

观扈

昭元（前541年），“夏有观扈。”杜云：“观国在今顿丘县，扈在始平鄠县。”此皆夏之敌国，当即夏之边境。

大夏

昭元（前541年），“子产曰：‘昔高辛氏有二子，伯曰阏伯，季曰实沈，居于旷林，不相能也。日寻干戈，以相征讨。后帝不臧，迁阏伯于商丘，主辰。商人是因，故辰为商星。迁实沈于大夏，主参，唐人是因，以服事夏商……及成王灭唐，而封太叔焉，故参为晋星。’”杜曰：“大夏，晋阳也。”按，大夏与夏墟究竟在晋阳抑在翼，在地理书有异说（如《括地志》），近代学人有异论（如顾亭林、全谢山），二地相去亦数百里。然皆在汾水之旁，不关山东也。

钧台

昭四（前538年），“夏启有钧台之享。”杜云：“河南阳翟县南有钧台陂。”

仍缗

昭四（前538年），“夏桀为仍之会，有缗叛之。”杜于此不能指其所在，但云“仍缗皆国名”，哀元（前494年）注亦然。《史记正义》引《帝王世纪》云：“羿之杀帝相也，妃仍氏女曰后缗，归有仍，生少康。”（此本哀元年传）《正义》于他地名几皆有说，于此亦无说。

夏墟

定四（前506年），“分唐叔以大路、密须之鼓，阙巩、沽洗，怀姓九宗，职官五正，命以《唐诰》，而封于夏墟。启以夏政，疆以戎索。”此更直示吾人，晋为夏之本土。

涂山

哀七（前488年），“禹合诸侯于涂山，执玉帛者万国。”杜云：“涂山在寿春东北。”按，昭四（前538年）有“三涂”之名，杜云：“在河南陆浑县南。”涂山或即三涂之一。

2. 见于《国语》者

伊洛

《周语·上》，“幽王二年，西周三川皆震。伯阳父曰：‘……昔伊洛竭而夏亡，河竭而商亡，今周德若二代之季矣。’”按，伊洛于夏，犹西周三川之于周，河之于殷，据此可知夏之地望以伊洛为本土矣。

崇山、聆隧

《周语·上》，“昔夏之兴也，融降于崇山。其亡也，回禄信于聆隧。”韦云：“崇，崇高山也。夏居阳城，崇高所近。”又云：“聆隧，地名也。”按，韦以崇为嵩高。

有崇

《周语·下》，“其在有虞，有崇伯鲧，播其淫心，称遂共工之过，尧用殛之于羽山。其后伯禹念前之非……”据上节所引韦解，崇即嵩高。然《诗·文王》篇云“既伐于崇，作邑于丰”，是崇国境当殷末在渭南。渭南之山境亦东与崇高接。

又《左传》宣元（前608年），“晋欲求成于秦，赵穿曰：‘我侵崇，秦急崇，必救之（杜云：崇，秦之与国），吾以求成焉。’冬赵穿侵崇，秦弗与成。”然则春秋时晋秦界上犹有以崇为号之国，此亦可知崇在西土。

杞鄫

同节，“有夏虽衰，杞鄫犹在。”按，杞在春秋时由今杞县境东迁，鄫则杜云：“在琅琊鄫县。”（僖十四即前646年）然《国语》记西周亡时事云：“申、缯、西戎方强，王室方骚……王欲杀太子以成伯服，必求之申。申人弗畀，必伐之。若伐申而缯与西戎会以伐周，周不守矣。”果鄫本在琅琊，势难与申西戎会伐周。然则鄫在琅琊，亦是后来东迁所至。

戎夏

《晋语·一》，“献公卜伐骊戎，史苏占之……对曰：‘……戎夏交捽……若晋以男戎胜戎，而戎亦必以女戎胜晋……诸夏从戎，非败而何？’”此以晋为夏，与《左传》定四（前506年）封唐叔于夏墟事合。

昆吾

《郑语》，“昆吾为夏伯矣。”准以《诗·商颂》“韦顾既伐，昆吾夏桀”之说，昆吾当非诸夏之一，而别为一族，然与夏族当有若何关系。至昆吾所在，则《左传》昭十二（前530年）：楚子云：“昔我皇祖伯父昆吾旧许是宅，今郑人贪赖其田而不我与。”可知昆吾在许，即今许昌一带。

东夏

《楚语·上》，“析公奔晋，晋人用之，实谗败楚，使不规东夏。”韦云：“东夏，沈蔡也。”按，此即《左》襄二十六（前547年）：事，彼处称华夏，此处称东夏。

诸夏

《吴语》，“昔楚灵王不君……不修方城之内，逾诸夏而图东国。”韦云：“诸夏，陈蔡。东国，徐夷吴越。”此更明明证夏之不在东土。

3. 见于《诗》者

雅

雅之解说不一，《诗序》云："雅者正也，言王政之所由废兴也。"此真敷衍语。《小雅·鼓钟》篇云"以雅以南"，南是地域名（详见《诗经讲义》），则雅之一辞当亦有地名性。《读书杂志》，《荀子·荣辱篇》君子安雅条云："雅读为夏，夏谓中国也，故与楚越对文。《儒效篇》：居楚而楚，居越而越，居夏而夏，是其证。古者夏、雅二字互通，故《左传》齐大夫子雅，《韩子·外储说右篇》作子夏，杨注云，正而有美德谓之雅，则与上下二句不对矣。"（阮元亦以雅言之雅为夏）此真确解，可破历来一切传说者之无知妄解。由此看来，《诗经》中一切部类皆是地名，诸国风不待说，雅为夏，颂分周、鲁、商。然则《国风》之名，四始之论，皆后起之说耳。雅既为夏，而夏辞之大小雅所载，若一一统计其地望，则可见宗周、成周文辞较多，而东土之文辞较少。周自以为承夏绪，而夏朝之地望如此，恰与《左传》《国语》所记之夏地相合（此说详见我所作《诗经讲义》，未刊，其略见《〈新获卜辞写本后记〉跋》）。

4. 见于《周诰》者

区夏

《康诰》，“惟乃丕显考文王，克明德慎罚，不敢侮鳏寡，庸庸，祗祗，威威，显民，用肇造我区夏，越我一二邦，以修我西土。”按，“区”字不见《说文》，薛综注《东京赋》云：“区，区域也。”然则区夏犹曰有（域）夏，犹曰夏域，即夏国也。文王造邦于西土，而云始造我夏国，则夏之在西土可知。

5. 此外见于《史记》《战国策》者一段（按，《史记》所引杂乱，故不遍举，此节甚关重要，不可遗之）。

河洛、太华、伊阙、羊肠

《吴起列传》，“起对曰……夏桀之居，左河济，右泰华，伊阙在其南，羊肠在其北。”按，此语见今本《战国策》二十二。然彼处作“左天门之阴，而右天谿之阳”，虽亦谓左带水而右倚山，未如《史记》言之质实，故录《史记》。金鹗（《求古录礼说》八）据此以证夏桀之都在雒阳。今按，桀都正当雒阳否，另是一问题，然桀之国环洛阳，则依此语当无可疑。

据以上各书所记夏地，可知夏之区域，包括今山西省南半即汾水流域，今河南省之西部中部即伊洛嵩高一带，东不过平汉线，西有陕西一部分，即渭水下流。东方界线，则其盛时曾有济水上流，至于商丘，此便是与夷人相争之线，说详下章。最西所至，我们现在不知究到何处，汉陇西郡有大夏县，命名不知何本，更不知与夏后之夏有否关系。最南所至，我们也不知，《汉书·地理志》谓汉水将入江时名夏水，今尚保存江夏诸名，或者诸夏不能如此南被。且《荀子·儒效篇》云“君子居楚而楚，居夏而夏”，楚夏对称，自不能以楚为夏。楚国之最大版图中，尽可包含一部分诸夏，而诸夏未必能过荆襄而括江汉，或者此之名夏竟是同音异辞。陈、范记关羽据荆州北伐曹操事云：“威震华夏。”是汉末犹以华夏为三辅三河汝颍等地之专名，未尝括九州而言。我们现在知诸夏西南北三方所至之大齐，而以东夏之称，夷夏之战（此事详上章），确知夏之东界，则以古代河、济、淮、泗的中国全部论，夏实西方之帝国或联盟，曾一度或数度压迫东方而已。与商殷之为东方帝国，曾两度西向拓土，灭夏克鬼方者，正是恰恰相反，遥遥相对。知此形势，于中国古代史之了解，不无小补也。

三、夏夷交胜

严格意义的诸夏所据之地域已如上章所述，至于夏后一代的大事现在可得而考见的，是些什么呢？答曰：统是和所谓夷人的斗争。“夷”一个名词应如何解，留在下一章中说明。其字在殷周文书每与人字一样，音亦与人相近，这是很可注意的。现在假定，凡在殷商西周以前，或与殷商西周同时所有今山东全省境中，及河南省之东部，江苏之北部，安徽之东北角，或兼及河北省之渤海岸，并跨海而括辽东朝鲜的两岸，一切地方，其中不是一个民族，见于经典者，有太皞、少皞、有济、徐方诸部，风、盈、偃诸姓，全叫作夷。《论语》有九夷之称，明其非一类。夏后一代的大事正是和这些夷人斗争。此事现在若失传，然一把经典的材料摆布起来，这事件十分明显。可惜太史公当真不是一位古史家，虽羿浞、少康的故事，竟一字不提，为其作正义者所讥。求雅训的结果，弄到消灭传说中的史迹，保留了哲学家的虚妄。

现在说羿浞与夏后少康的故事，先将材料排列出来。

1. 见于《左传》者

魏绛曰："……夏训有之，曰有穷后羿。"公曰："后羿何如？"对曰："昔有夏之方衰也，后羿自鉏迁于穷石，因夏民以代夏政。恃其射也，不修民事，而淫于原兽。弃武罗、伯因、熊髡、龙圉，而用寒浞。寒浞，伯明氏之谗子弟也，伯明后寒弃之。夷羿收之，信而使之，以为己相。浞行媚于内，而施赂于外，愚弄其民，而虞羿于田。树之诈慝，以取其国家，外内咸服。羿犹不悛，将归自田，家众杀而亨之，以食其子。其子不忍食诸，死于穷门。靡奔有鬲氏（杜曰：靡，夏遗臣事羿者。有鬲，国名，今平原鬲县），浞因羿室生浇及豷。恃其谗慝诈伪，而不德于民。使浇用师灭斟灌及斟寻氏，处浇于过，处豷于戈。靡自有鬲氏收二国之烬以灭浞，而立少康。少康灭浇于过，后杼灭豷于戈。有穷由是遂亡，失人故也。昔周辛甲之为太史也，命百官，官箴王阙。于《虞人之箴》曰：'芒芒禹迹，画为九州。经启九道，民有寝庙，兽有茂草，各有攸处，德用不扰。在帝夷羿，冒于原兽，忘其国恤，而思其麀牡。武不可重，用不恢于夏家。兽臣司原，敢告仆夫。'"（襄四年）

昔有仍氏生女黰黑而甚美，光可以鉴，名曰玄妻。乐

正后夔取之，生伯封，实有豕心，贪惏无餍，忿纇无期，谓之封豕。有穷后羿灭之，夔是以不祀。（昭二十八年）

伍员曰："不可，臣闻之，树德莫如滋，去疾莫如尽。昔有过浇杀斟灌以伐斟鄩，灭夏后相。后缗方娠，逃出自窦，归于有仍。生少康焉，为仍牧正。惎浇，能戒之。浇使椒求之，逃奔有虞，为之庖正，以除其害。虞思于是妻之以二姚，而邑诸纶，有田一成，有众一旅。能布其德，而兆其谋，以收夏众，抚其官职。使女艾谍浇，使季杼诱豷，遂灭过戈，复禹之绩。祀夏配天，不失旧物。"（哀元年）

2. 见于《论语》者

南宫适问于孔子曰："羿善射，奡荡舟，俱不得其死然。禹稷躬稼而有天下。"夫子不答。南宫适出，子曰："君子哉若人，尚德哉若人！"（《宪问》篇）

3. 见于《楚辞》者

羿淫游以佚畋兮，又好射夫封狐。固乱流其鲜终兮，浞又贪夫厥家。浇身被服强圉兮，纵欲而不忍。日康娱而自忘兮，厥首用夫颠陨。（《离骚》）

羿焉彃日？乌焉解羽？……帝降夷羿，革孽夏民。胡射夫河伯，而妻彼雒嫔？冯珧利决，封豨是射。何献蒸肉之膏，而后帝不若？浞娶纯狐，眩妻爰谋。何羿之射革，而交吞揆之？阻穷西征，岩何越焉？化为黄熊，巫何活焉？咸播秬黍，莆雚是营。何由并投，而鲧疾修盈？白蜺婴茀，胡为此堂？安得夫良药，不能固臧？天式从横，阳离爰死。大鸟何鸣，夫焉丧厥体？蓱号起雨，何以兴之？撰体胁鹿，何以膺之？鳌戴山抃，何以安之？释舟陵行，何以迁之？惟浇在户，何求于嫂？何少康逐犬，而颠陨厥首？女歧缝裳，而馆同爰止。何颠易厥首，而亲以逢殆？（《天问》）

4. 见于《山海经》者

羿与凿齿战于寿华之野，羿射杀之，在昆仑虚东。羿持弓矢，凿齿持盾。一日戈（按，一日戈三字，或是注文羼入者）。（《海外南经》）

有人曰凿齿，羿杀之。（《大荒东经》）

帝俊赐羿彤弓素矰以扶下国，羿是始去恤下地之百艰。（《海内经》）

非仁羿莫能上（按，“仁”字当为“夷”字之读，两字皆从人，近故致误）。

5. 见于《吕氏春秋》者

夷羿作弓。(《勿躬》)

6. 见于《说文》者

羿，羽之羿风，亦古诸侯也，一曰射师。(四，羽部。)

芎，帝喾躬官，夏少康灭之。从弓开声。论语曰："芎，善射。"（十二，弓部。又同部"弹"下引《楚辞》"羿焉弹日"，羿亦作茧。"）

又，《史记》于羿事不载，《正义》讥之。《世本》（见各辑本）谓夷羿作弓。《帝王世纪》所记羿事特详（见宋翔凤辑本）。然数书皆不出上文所举，故不录。

据以上材料，有数点须分解：

一、羿的地位。如罗泌所作传，及其比之于安史，则羿浞只是夏之叛臣。然此说完全无据，以上一切材料全不曾说羿是夏之属臣。然则夷羿必是夏之敌国之君，且此敌国之君并不等闲，以《天问》《山海经》所说，居然是天神，而奉天帝命降于下土者，为夷之君，自钼迁穷桑，而为后人号为帝羿或曰羿帝（《御览》八十二引《帝王世纪》）。

二、夷为东方主。此说可由其称夷羿及《说文》称羿为帝喾（据王国维考，即帝俊）射官，及其地望等事证之。

三、夷夏之争数十年，在夷一面经羿、奡二宗，在夏一面经相、少康二世，战斗得必然很厉害。《天问》所谓“阻穷西征”者，王逸解之曰：“言尧放鲧羽山，西行度越岑岩之地，因堕死也。”洪兴祖补曰：“羽山东裔，此云西征者，自西徂东也。上文言永遏在西山，夫何三年不施，则鲧非死于道路，此但言何以越岩险而至羽山耳。”按王说无稽，洪已辩之，然洪强释西征曰自西徂东，古书中全无此文法。此处明明谓阻（即鉏）穷（石）之后帝羿西征，而越山岩，不然，西征一词全不可解，正不得以同韵之下句中说鲧化为黄熊事而谓此句亦是鲧事。

四、《左传》之神话故事已很伦理化，且《左传》之成分大体为晋、楚、鲁三国之语，而其立点是偏于西国夏、周之正统传说，所以说羿、奡甚不好。但《山海经》之为书，虽已系统化，尚未伦理化，且记东方的帝系较多。这部书中所举夷羿事，很足以表显战国时羿、奡的传说尚甚盛。《山海经》与《天问》互相发明处甚多，《天问》称羿之重要全与《山海经》合。所谓“羿焉彃日”，正在《天问》中论创世纪一节中，则羿本是天神。所谓“帝降夷羿”者，正《山海经》所谓“帝俊赐羿彤弓素矰以扶下国，羿是始去恤下地之百艰”。《天问》一篇，本颇有次序，王逸以为不次序者，乃由于不知《天问》所陈是流行神话故事之次序，不与汉代人之古史传说同，故不能解（余另有说见他处）。其羿浞之间插入鲧之一段若甚错乱者，当由于《天问》之次序乃神话之次序；一神话中有数人关涉者，则一次说出，不嫌前后错综。“阻穷西征，岩何越焉”一句，至下文“释舟陵行，何以迁之”，凡十二句中，有涉及鲧处，并有若干因失其神话而不可解之故事，皆可据上下文细绎之，以知其正是说夷夏交战事。此节盖谓羿、奡相继西征，曾越山地，自鲧永遏于羽山后，禹平水土，秬、黍、雚皆茂长，巫乃将鲧化为黄熊。（《天问》所记鲧事，与《左传》《尚书》等皆不同。《尚书》《左传》皆谓舜殛鲧于羽山，然《天问》云：“永遏在羽山，夫何三年不施？”）当夏代危急，遂与能荡舟之奡战，适其时羿妻窃药而行（本文，“安得夫良药，不能固臧”）并有其他怪异（“白蜺婴茀”“天式从横”等语），于是大战得雨起山抃，荡舟者不得不释舟陵行，逃归其嫂，而卒为太康并得之。如此解来，则《论语》南宫适之问正甚明白。南宫适这话并不是泛举古帝王羿、奡、禹、稷而强比之，乃是论一段故事，东土强有力者失其国，西土务耕稼者有天下。《鲁语·上》：“昔烈山氏之有天下也，其子曰柱，能殖百谷百蔬。夏之兴也，周弃继之。”明禹、稷可作一事论。孔子对神话也如对鬼神一样敬而远之，且以其“君子相”之故，不愿于此等圣帝明王有所议论，故当面不答，而背后称赞南宫适对此神话之题旨、西洋故事中所谓Moral（道德上的）者，甚能了解。若不如此，而是泛作一篇秦皇、汉武与汉文、宋仁之优劣论，殊不免于糊里糊涂。《论语》中论一事皆以一事为论，尚无策论八股气。南宫适这一段话，正可证明夷羿在当时的传说中并不太坏。若羿、奡不是当时神话中的大人物，何至与传说中功在生民之禹、稷相提并论，岂不不伦得很，不需要得很？

然则夷羿之故事，我们在现在尚可见到三种传说：

一、以夷羿为自天而降甚高明者，《山海经》《天问》属之。

二、以夷羿与夏后为对，而以为一崇力一崇德，故一兴一替者，此等之成败论人，《论语》记南宫适所问之背景如此。

三、以夷羿为不合道理者，《左传》如此，然尚称之曰“后”，记其曾“因夏民而代夏政”（夏民者，夏所服属之民，不必改作夏族）。凡读一切神话故事，都须注意及同一题目常因流传之不同而其中是非倒置。此是一例，鲧亦是一例。同在《国语》中，《周语·下》谓“崇伯鮌播其淫心，称遂共工之祸”；《鲁语·上》谓“鮌鄣洪水”，故夏后“郊鮌”，

《吴语》亦谓“鲧禹之功”，我们不可不注意传说之演变及其道德批评之改易。

夏后一代中夷夏之争，不仅见于有穷后羿一段故事，夏代开国亡国时皆有同样的争斗。现在分别说：

（1）夏后启与伯益之争统。关于这件事，战国的传说有两种：一谓启益相让；二谓启益相争。

《孟子》：禹荐益于天。七年，禹崩。三年之丧毕，益避禹之子于箕山之阴。朝觐讼狱者，不之益而之启，曰：“吾君之子也！”讴歌者不讴歌益，而讴歌启，曰：“吾君之子也。”

《天问》：启代益作后，卒然离蠥。何启惟忧，而能拘是达？皆归射鞫，而无害厥躬？何后益作革，而禹播降？

古本《竹书》：益干启位，启杀之。（引见《晋书·束皙传》，《史通·疑古篇》《杂说篇》两引之）

《孟子》的古史都是些伦理化的话，然这一段中还看出这个故事本来面目的背景，此背景即是说，代禹者几乎是益，而启卒得之。这话里虽不直说有何争执，但还可隐约看出对峙的形势来。至于《竹书》的话，虽不能即信，但益、启之有争执，虽《孟子》的话中也表示个破绽。因为让、争本是一事的两面，不是相争的形势，不需相让的态度。《天问》的话，因故事遗失不大好讲，然益称后，又曾一度革夏命，则甚明白。

我们再看伯益是如何人。经籍中有伯益、伯翳二人，太史公在《陈杞世家》中分为二人，然在他处则不分。《索隐》议之曰："秦祖伯翳，解者以翳、益别为一人。今言十一人，叙伯翳，而又别言垂益，则是二人也。且按《舜本纪》叙十人，无翳，而有彭祖。彭祖亦坟典不载，未知太史公意如何，恐多是误。然据《秦本纪》叙翳之功云，佐舜驯调鸟兽，与《尧典》'命益作虞，若予上下草木鸟兽'文同，则为一人必矣，今未详其所以。"按，此议甚是。太史公在此处诚糊涂。罗泌重申二人不同之说，然全无证，金仁山辩之曰：

> 《尚书》之伯益，即《秦纪》之伯翳也。秦声以入为去，故谓益为翳也。《秦纪》谓伯翳佐禹治水，驯服鸟兽，岂非《书》所谓随山刊本，暨益奏庶鲜食，益作朕虞，若予上下鸟兽者乎？其事同，其声同，而太史公独以《书》纪字异，乃析一人而二之，可谓误矣。唐虞功臣，独四岳不名，其余未有无名者。夫岂别有伯翳，其功如此，而《书》反不及乎？太史公于二帝本纪言益，见《秦本纪》为翳，则又从翳，岂疑而未决，故于《陈杞世家》叙伯益与伯翳为二乎？

抑出于谈迁二手，故其前后谬误也？（梁玉绳说同，见《史记志疑·人表考》，不具引）

金氏此说甚明白，此疑可以更无问题。益、翳既是一人，翳又为秦赵公认之祖，然则即是嬴姓之祖，亦即是徐方之祖，亦即是《逸周书·作雒解》所谓“周公立，相天子，三叔及殷东（东亦地域名，说别见）徐奄及熊盈以略”之盈族之祖，然则伯益正是原原本本的东夷之祖，更无疑义，益启之争，不即是夷夏之争吗？

（2）汤放桀，等于夷灭夏。商人虽非夷，然曾抚有夷方之人，并用其文化，凭此人民以伐夏而灭之，实际上亦可说夷人胜夏。商人被周人呼为夷，有经典可证，说另详。

然则夏后一代的三段大事，开头的益启之争便是夏夷争，中间的羿少康之争又是夷夏之争，末后的汤桀之争还是夷夏之争。夏代东西的斗争如此厉害，而春秋战国的大一统主义哲学家都把这些显然的史迹抹杀了或曲解了！

四、诸夷姓

诸夏所在既如上章所述，与之对峙之诸夷，乃并不如诸夏之简单，所谓“夷”之一号，实包括若干族类，其中是否为一族之各宗，或是不同之族，今已不可详考，然各夷姓有一相同之处，即皆在东方，淮济下流一带。现将古来为人称为夷者各族，或其子孙列为东夷者，或其地望正所谓夷地者，分别疏解如下。

1.太皞之族

太皞与太昊为一辞，古经籍多谓即是伏羲氏，或作包牺氏。关于太皞之记载见于早年经籍者如下：

《左传》僖二十一：“任、宿、须句、颛臾，风姓也，实司大皞与有济之祀，以服事诸夏。邾人灭须句，须句子来奔，因成风也。成风为之言于公曰：‘崇明祀，保小寡，周礼也；蛮夷猾夏，周祸也。若封须句，是崇皞、济而修祀，纾祸也。’”杜云：“四国，伏羲之后。任，今任城县，颛臾在泰山南武阳县东北，须句在东平须昌县西北。四国封近于济，故世祀之。”按，杜释有济误。有济正如有夏有殷，乃是古国名，四国其后，或其同姓耳。又昭十七：“大皞氏以龙纪官，故为龙师而龙名。”

又同年：“陈，大皞之虚也。”

《论语》：“季氏将有事于颛臾……孔子曰：‘……

昔者先王以为东蒙主，且在邦域之中矣，是社稷之臣也。何以伐为？’”按，此足证颛臾本为鲁之附国。

《易·系辞》下：“古者包牺氏之王天下也，仰则观象于天，俯则观法于地，观鸟兽之文，与地之宜，近取诸身，远取诸物，于是始作八卦，以通神明之德，以类万物之情。作结绳而为罔罟，以佃以渔，盖取诸离。”按，《御览》七百二十引《帝王世纪》与此大同，惟“作结绳”作“造书契以代结绳之政”，与此异。

《帝王世纪》：“太昊帝庖牺氏，风姓也。蛇身人首。有圣德，都陈。作瑟三十六弦。燧人氏没，庖牺氏代之。继天而生，首德于木，为百王先。帝出于震，未有所因，故位在东方，主春，象日之明，是称太昊。制嫁娶之礼，取牺牲以充庖厨，故号曰庖牺氏。后世音谬，故或谓之宓牺。”（《御览》七十八引作《皇王世纪》，自此以下皆据宋翔凤辑本）

又：“大皞帝庖牺氏，风姓也。母曰华胥。遂人之世，有大人之迹，出于雷泽之中，华胥履之，生庖牺于成纪，蛇身人首。有圣德，为百王先。帝出于震，未有所因，故位在东，主春，象日之明，是以称太皞。”（《礼记·月令正义》引）

又："女娲氏亦风姓也，承庖牺制度，亦蛇身人首。一号女希，是为女皇。其末，有诸侯共工氏，任知刑，以强伯，而不王。以水承木，非行次，故易不载。及女娲氏没，次有大庭氏、柏皇氏、中央氏、栗陆氏、骊连氏、赫胥氏、尊卢氏、混沌氏、昊英氏、有巢氏、朱襄氏、葛天氏、阴康氏、无怀氏，凡十五世，皆袭庖牺之号。"（《御览》七十八）

又："庖牺氏作八卦。神农重之为六十四卦。黄帝尧舜引而伸之，分为二易。至夏人因炎帝日连山。殷人因黄帝曰归藏。文王广六十四卦，著九六之爻，谓之周易。"

《古史考》："伏牺作瑟。"（《毛诗谱序正义》引）

又："庖牺作易，弘开大道。"（《书钞·帝王部》引）

综合上列诸说，归纳之可得下之二事。

一、太皞族姓之国部之分配，西至陈，东括鲁，北临济水，大致当今河南东隅，山东西南部之平原，兼包蒙峄山境，空桑在其中，雷泽在其域。古代共认太皞为东方之部族，乃分配于淮济间之族姓。

二、太皞继燧人而有此土，在古代之礼乐系统上，颇有相当之供献，在生活状态上，颇能作一大进步。当是已进于较高文化之民族，其后世并不为人所贱：在周代虽居采卫，而为“小寡”，世人犹以为“明祀”也。

2.少皞之族

关于少昊之记载，见于早年经籍者如下：

《左》昭十七：“郯子来朝，公与之宴，昭子问焉，曰：‘少皞氏鸟名官，何故也？’郯子曰：‘吾祖也，我知之。昔者黄帝氏以云纪，故为云师而云名。炎帝氏以火纪，故为火师而火名。共工氏以水纪，故为水师而水名。大皞氏以龙纪，故为龙师而龙名。我高祖少皞挚之立也，凤鸟适至，故纪于鸟，为鸟师而鸟名。凤鸟氏，历正也；玄鸟氏，司分者也；伯赵氏，司至者也；青鸟氏，司启者也；丹鸟氏，司闭者也；祝鸠氏，司徒也；鴡鸠氏，司马也；鸤鸠氏，司空也；爽鸠氏，司寇也；鹘鸠氏，司事也。五鸠，鸠民者也。五雉，为五工正，利器用，正度量，夷民者也。九扈，为九农正。扈民无淫者也。自颛顼以来，不能纪远，乃纪于近，为民师而命以民事，则不能故也。’仲尼闻之见于郯子而学之，既而告人曰：‘吾闻之，天子失官，学在四夷，犹信。’”（按此乃古代之图腾制，古代称图腾曰“物”，说别详。）

昭二十九：“少皞氏有四叔，曰重，曰该，曰修，曰熙，实能金木及水。使重为句芒，该为蓐收，修及熙为玄冥。世不失职，遂济穷桑。此其三祀也。”（杜云，穷桑地在鲁北。按，即空桑。）

定四：“因商奄之民，命以伯禽，而封于少皞之虚。”（据此，知曲阜为少皞氏之本邑。）

《楚语》：“及少皞之衰也，九黎乱德。民神杂糅。不可方物。”

《帝王世纪》：“少昊帝，名挚，字青阳，姬姓也。母曰女节。黄帝时，有大星如虹，下流华渚。女节梦接，意感生少昊。是为玄嚣，降居江水。有圣德，邑于穷桑，以登帝位，都曲阜，故或谓之穷桑。帝以金承土……故称少昊，号金天氏。”（引见《御览》七十九）

《古史考》：“穷桑氏，嬴姓也。以金德王，故号金天氏。或曰，宗师太皞之道，故曰少皞。”（《太平御览·帝王部》引）

《海内经》：“少皞生般，般是始为弓矢，帝俊赐羿彤弓素矰，以扶下国。”

综合以上所记，除其矛盾处以外，其地望大致与太皞同，而位于空桑之野之曲阜，尤为少皞之本邑。太皞、少皞皆是部族名号，不是个人私名，在古代记载上本甚明白。所谓伏牺氏、金天氏者，亦非能名之于一人者。至战国末汉初年之易系，始有“尧舜氏”一类的名词。然“尧舜氏”亦是统指一派，而非单指一人。氏本为部类家族之义，《左传》及其他古籍皆如此用。至于太、少二字，金文中本即大小，大小可以地域大小及人数众寡论，如大月氏、小月氏。然亦可以先后论，如大康、少康。今观太皞、少皞，既同处一地，当是先后有别。且太皞之后今可得而考见者，只风姓三四小国，而少皞之后今可考见者，竟有嬴、己、偃、允四著姓，当是少皞之族代太皞之族而居陈鲁一带。太皞族之孑遗，仅存太山之南，为零数小部落，而少皞一族，种姓蕃衍。春秋所谓淮夷，每从其姓，商末所谓奄人，亦是嬴姓。且秦赵之祖，皆称嬴姓，比起太皞来，真是有后福的了。今分述少皞四姓于下。

嬴。嬴姓国今可考者有商末之奄，淮夷之徐，西方之秦、赵、梁（《左传》僖十七年，“梁嬴孕，过期”），中原之葛（僖十七，“葛嬴”），东南之江、黄（《史记索隐》引《世本》）。据《史记》，伯翳（按即伯益，详下）为秦赵之祖，嬴姓之所宗（《世本》同）。秦赵以西方之国，而用东方之姓者，盖商代西向拓土，嬴姓东夷在商人旗帜下入于西戎。《秦本纪》说此事本甚明白。少皞在月令系统中为西方之帝者，当由于秦赵先祖移其传说于西土，久而成土著，后世作系统论者，遂忘其非本土所生。《史记》载嬴氏之西封如下：

《秦本纪》："秦之先，帝颛顼之苗裔（按颛顼在古帝系统中应属东系，说别详）。孙曰女修。女修织，玄鸟陨卵。女修吞之，生子大业（此东夷之传说，辨详上文）。大业取少典之子，曰女华。女华生大费，与禹平水土。已成，帝锡玄圭。禹受曰：'非予能成，亦大费为辅。'帝舜曰：'咨尔费，赞禹工，其赐尔皁游，尔后嗣将大出。'乃妻之姚姓之玉女，大费拜受。佐舜调驯鸟兽，鸟兽多驯服（按，此即皋陶谟之伯益故事）。是为柏翳，舜赐姓嬴氏。大费生子二人，一曰大廉，实鸟俗氏（按，此即所谓少皞以鸟纪官）。二曰若木，实费氏（按，鲁有费邑，见《左传》《论语》，当即费氏之故居。曲阜为少皞之墟，费氏之居去之不远也）。其玄孙曰费昌，子孙或在中国，或在夷狄。费昌当夏桀之时，去夏归商，为汤御，以败桀于鸣条（此盖汤创业时，先服东夷，后克夏后，故费昌在汤部队中）。太廉玄孙曰孟戏，中衍，鸟身人言。帝大戊闻而卜之使御，吉，遂致使御而妻之。自太戊以下，中衍之后，遂世有功，以佐殷国，故嬴姓多显，遂为诸侯。其玄孙中潏，在西戎，保西垂（此盖殷人拓土西陲，东夷之费氏为之守戍，遂建部队于西陲）。生蜚廉，蜚廉生恶来，恶来有力，蜚廉善走，父子俱以材力事殷纣。周武王之伐纣，并杀恶来。是时蜚廉为纣石北方，还无所报，为坛霍太山而报。得石棺，铭曰：'帝令处父不与殷乱，赐尔石棺。'以华氏死，遂葬于霍太山。蜚廉复有子曰季胜，季胜生孟增，孟增幸于周成王，是为宅皋狼（《赵策》，'智伯之赵，请皋狼之地。'盖智伯自大，故请人之皋狼。在汉为县。曰'宅皋狼'者，谓居于皋狼也）。皋狼生衡父，衡父生造父。造父以善御幸于周缪王，得骥温骊骅骝騄耳之驷。西巡狩，乐而忘归。徐偃王作乱，造父为缪王御，长驱归周以救乱。缪王以赵城封造父，造父族由此为赵氏。自蜚廉生季胜已下五世至造父。别居赵，赵衰其后也。恶来革者，蜚廉子也，早死，有子曰女防。女防生旁皋，旁皋生太几，太几生大骆，大骆生非子。以造父之宠，皆蒙赵城，姓赵氏。非子居犬丘，好马及畜，善养息之。犬丘人言之周孝王，孝王召使主马于汧渭之间，马大蕃息。孝王欲以为大骆适嗣。申侯之女，为大骆妻，生子成，为适。申侯乃言孝王曰：'昔我先郦山之女，为戎胥轩妻，生中潏。以亲故，归周，保西垂。西垂以其故和睦。今我复与大骆妻，生适子成。申骆重婚，西戎皆服，所以为王。王其图之。’（按，周人惯呼殷人曰戎，“戎商必克”“殪戎殷”，皆其证。则称胥轩为戎者，当亦因其为东方族类也。嬴姓〔费氏〕为商人置之西垂后，婚于西戎之姜姓〔申为姜姓，则郦山氏亦当为姜姓〕，所生之子，在殷周之末，以母系故，归顺周人。所谓“西垂和睦”者，此其义也）于是孝王曰：‘昔柏翳为舜主畜，畜多息，故有土，赐姓嬴。今其后世亦为朕息马，朕其分土为附庸，邑之秦，使复续嬴氏祀。’号曰秦嬴，亦不废申侯之女子为骆适者，以和西戎。秦嬴生秦侯。”（按秦史记未与六国同亡，太史公书所记秦之先世必有所本，且此说正与少皞之其他传说相合，纵使秦有冒充之嫌，其由来已旧矣）

《赵世家》：“赵氏之先，与秦共祖。至中衍，为帝大戊御。其后世蜚廉，有子二人，而命其一子曰恶来。事纣，为周所杀，其后为秦。恶来弟曰季胜，其后为赵。季胜生孟增，孟增幸于周成王，是为宅皋狼。皋狼生衡父，衡父生造父，造父幸于周缪王。造父取骥之乘匹与桃林盗骊骅骝绿耳献之缪王。缪王使造父御，西巡狩，见西王母，乐之忘归。而徐偃王反，缪王日驰千里马，攻徐偃王，大破之。乃赐造父以赵城，由此为赵氏。”

按，伯翳即伯益（说前详）。伯益与夏有争统之事，其人亦号有平水土之功，已见上文论夷夏交胜一章中，此亦嬴为东夷姓之一证。又《逸周书·作雒解》：“周公立，相天子，三叔及殷东徐奄及熊盈以略……凡所征熊盈族十有七。”所谓熊者，或是楚之同族（按楚芈姓，而其王名皆曰熊某。金文中熊作酓），所谓盈者，当即嬴之借字。又，宣八年《左传》经文，“夫人嬴氏薨”，“葬我小君敬嬴”。《公》《穀》经文皆作“熊氏”“顷熊”，因此近人有疑熊嬴为一名者。然楚王号之熊字本借字，其本字在金文为酓，不可强比。《作雒解》熊嬴并举，不可以为一。且果熊嬴是一姓者，《郑语》详述祝融八姓，不应略此重事，反曰“姜、嬴、荆、芈，实与诸姬代相干”。从此可知嬴熊二词同源之说之无根。果此说不误，则《书》所谓践奄，即《逸周书》所谓略盈族也。此固未可谓为确证，然求之地望，按之传说，差为近是矣。

又《秦本纪·赞》记嬴姓诸氏云一：“秦之先为嬴姓，其后分封以国为姓。有徐氏、郯氏、莒氏、终黎氏、运奄氏、菟裘氏、将梁氏、黄氏、江氏、修鱼氏、白冥氏、蜚廉氏、秦氏。然秦以其先造父，封赵城，为赵氏。”此亦东方之徐郯、西方之秦赵，同出一祖之证。

己。按，己本祝融八姓之一。然《世本》云：“莒己姓。”（隐二正义引）杜预云：“少皞金天氏，己姓之祖也。”（昭十七注）又云：“莒嬴姓，少昊之后。周武王封兹舆于莒，初都计，后徙莒，今城阳莒县是也。《世本》自纪公以下为己姓，不知谁赐之姓者。”（隐二正义引杜预《世族谱》）据此，祝融八姓之己与莒国之己本非一源，不可混为一事。莒之中道改姓，殊费解。按之文七年《左传》“穆伯娶于莒，曰戴己”。是莒己姓有明征，改姓之说，虽或由于“易物”，究不能证明或反证之。今应知者，所谓己姓，不出同一之祖，或祖祝融，或祖少皞，或祖黄帝。下文之表，但以祖少皞者为限。

偃。皋陶之后为偃姓，偃姓与嬴姓之关系，可以皋陶与少皞之关系推求之。自《列女传》曹大家注，以为“皋陶之子伯益”（《诗·秦风》疏引），郑玄以为“伯翳实皋陶之子”（《诗谱·秦风》），王符以为“皋陶……其子伯翳”（《潜夫论·氏姓》），此说在后世著书者遂多所尊信。梁玉绳详辨此说之非（《史记志疑》十九，《人表考二·许繇下》），其所举证多近理，至其举《左传》臧文仲皋陶庭坚不祀之叹，以证徐秦之不祖皋陶，即皋陶非伯益之父，尤为确不可易。然古代传说中既有此盛行之一说，自当有所本，盖“皋益同族而异支”（梁玉绳语），以族姓论，二者差近，以时代论，皋陶氏略先于伯益，后世之追造《世本》者（周末此风甚炽，帝系即如此出来者），遂以为伯益父皋陶矣。今固不当泥于皋陶为伯益父之说，同时亦当凭此传说承认偃嬴二宗，种姓上有亲属关系。

然则皋陶之皞，当即大皞、少皞之皞，曰皋陶者，皋为氏，陶为名，犹丹朱、商均，上字是邑号，下字是人名。《易林》需之大畜称之曰陶叔，足征陶为私名。《路史·后纪七》云：“封之于皋，是曰皋陶。”（按《路史》卖弄文词而不知别择，好以己意补苴旧文，诚不可据。然宋时所见古书尚多，《世本》等尚未佚，《路史》亦是一部辑佚书，只是书辑得不合法度而已，终不当尽屏而不取）此说或有所本，亦可为此说之一旁证。皋陶之裔分配在英六群舒之地，似去徐州嬴姓较远，然若信皋陶之陶，即少皞之皞，又知周初曾压迫熊盈（即嬴）之族，所谓平淮夷，惩舒人，皆对此部类用兵者，则当知此部类古先所居，当较其后世所居偏北，少皞之虚，未尝不可为皋陶之邑。

所有少皞诸姓国之地望，今列表如下：

国	姓	时代	地望	附记
郯	嬴（见《史记》《汉志》《潜夫论》）己（杜说）	始建国不知在何时，当为古代部落，春秋后始亡。	今山东有郯城县。	《汉·地理志》，“郯嬴姓国”；《春秋》文四年见。杜于郯姓未明说，然昭十七传云：“郯氏来朝……昭子问焉，曰：‘少皞氏鸟名官，何故也？’郯子曰：‘吾祖也。’”杜云：“少皞金天氏，己姓之祖也。”是杜意以郯为己姓。
莒	嬴、己（二姓或同出一源，说见前）	始建国不知在何时，当为古代部落，春秋后灭于楚。	杜云：“今城阳莒县。”	
奄	嬴（《左传》昭二疏，襄二十疏引《世本》）	商代东方大国，灭于周初。	奄在鲁境。	定四：“因商奄之民，命以伯禽，而封于少皞之虚。”按，克商为武王事，践奄为周公事，是奄亡于周公成王时。
徐	嬴（见《左传》《史记》等）	殷时旧国，西周中曾一度强大称王。西伐济河，见《檀弓》。齐桓时服事诸夏，后灭于楚。	其本土应在鲁，后为周公、鲁公逐之。保淮水。《左传》僖三年，杜注：“徐国在下邳僮县东南。”	《书·费誓》《诗·大雅》《小雅》《鲁颂》《逸周书·作雒解》等，多记徐事，金文中自称郐王。

续表

国	姓	时代	地望	附记
江	嬴(《陈杞世家·索隐》引《世本》)	不知建国于何时，文四年，灭于楚。	杜云：“江国在汝南安阳县。”	《索隐》引《世本》，江黄并嬴姓。
黄	嬴（同上）	不知建国于何时，僖十二年灭于楚。	杜云：“黄国，今弋阳县。”	
赵	嬴（见《左传》《史记》等）	《秦本纪》，缪王以赵城封造父。自晋献公时赵氏世为晋大夫始大。	《集解》引徐广云：“赵城在河东永安县。”《正义》引《括地志》云：“今晋州赵城县本彘县地，后改永安即造父之邑。”	
秦	嬴（同上）	《秦本纪》，周孝王封非子，邑之秦。	《集解》引徐广曰：“今天水陇西县秦亭。”	
梁	嬴（见《左传》《潜夫论》）	不知何时建国，僖十九，灭于秦。	杜云：“梁国在冯翊夏阳县。”	
葛	嬴（见《左传》《潜夫论》）	《春秋》桓十五，葛人来朝。	杜云：“梁国宁陵县东北。”	《左传》僖十七，有葛嬴为齐桓众夫人之一。据《孟子》，葛与汤为邻。春秋嬴姓之葛与古葛有若何关系，今不可考。

续表

国	姓	时代	地望	附记
菟裘	嬴（《史记》《潜夫论》）	隐十一：“公曰……使营菟裘。”盖春秋前已亡，为鲁邑。	《寰宇记》：“菟裘故城在泗水县北五十里。”	
费	嬴（《史记·秦本纪》）	《书》有《费誓》，盖灭于周初。	春秋鲁邑，后为季氏私邑，今犹名费县。	《书·费誓》，盖即对徐方嬴姓族用兵之誓。
群舒	偃（文十二疏引《世本》，杜注）	群舒部落，位于淮南。春秋时初灭于徐，卒灭于楚。	僖五，杜曰：“舒国今庐江舒县。”	《左传》文十二：“群舒叛楚。”杜曰：“群舒偃姓，舒庸舒鸠之属。今庐江有舒城，舒城西南有龙舒。”《正义》曰：“《世本》，偃姓，舒庸，舒蓼，舒鸠，舒龙，舒鲍，舒龚。以其非一，故言属以包之。”
六	偃（《陈杞世家索隐》引《世本》）	《春秋》文五，“楚人灭六。”	杜云：“今庐江六县。”	
蓼	偃（同上）	《左》文五，“楚子灭蓼。”	杜云：“今安丰蓼县。”	《左传》文五：“楚子燮灭蓼。臧文仲闻六与蓼灭，曰：‘皋陶庭坚，不祀忽诸！德之不建，民之无援，哀哉。’”

续表

国	姓	时代	地望	附记
英氏	偃（同上）	《春秋》僖十七年："齐人徐人伐英氏。"杜云："英氏，楚与国。"又《陈杞世家》："皋陶之后，或封英六，楚穆王灭之。"		

以上所列，但以见于《左传》、《史记》、《世本》佚文、左氏杜注者为限，《潜夫论》所举亦略采及，至于《姓纂》《唐宰相世系表略》等书所列，材料既太后又少有头绪，均不列入。

据上表，足知少皞后世之嬴姓一支（宗少皞之己姓国在内）分配在今山东南境、河南东端，南及徐州一带。殷代有奄，为大国。有费，鲁公灭之。盖鲁地本嬴姓本土，所谓"奄有龟蒙，遂荒徐宅，至于海邦，淮夷蛮貊"，县指周人略嬴族之故事。因周人建国于奄土，嬴姓乃南退保淮水，今徐州一带。及周人势力稍衰，又起反抗，西伐济河。周人只能压迫之，却不能灭之，故曰"徐方不回，王曰旋归"，可见是灭不了的。入春秋，徐始式微，而殷人所置嬴姓在西土者，转而强大，其一卒并天下。其别系偃姓在今安徽北部、河南东南隅以及湖北东境者，当亦西周时淮夷部队中人，入春秋，为楚所并。夏商虽有天下，其子孙犹不若此之延绵。若东方人作三代系统，必以之为正统无疑。

此外，“夷”名号下之部落，有有穷后羿，即所谓夷羿，说已见前。又有所谓伯夷者，为姜姓所宗，当与叔齐同为部族之号，别见姜姓篇。又祝融八姓之分配在东海者，亦号曰夷，别见祝融八姓篇，今俱不入此文。

又殷有所谓人方者，似不如释作夷方，其地不知在何处。董彦堂先生示我甲骨文一片，其词云“……在二月，在齐餗，隹王来正人方”，是夷方当在济水流域中矣。

上列各部族国邑皆曾为人呼之曰夷，或其后世为人列于夷之一格中。综合其区域所包括，西至今河南之中心，东尽东海，北达济水，南则所谓淮夷徐舒者皆是。这个分布在东南的一大片部族，和分布在偏于西方的一大片部族名诸夏者，恰恰成对峙的形势。这里边的部族，如太皞，则有制八卦之传说，有制嫁娶用火食之传说。如少皞，则伯益一支以牧畜著名，皋陶一支以制刑著名。而一切所谓夷，又皆以弓矢著名。可见夷之贡献于文化者不少。殷人本非夷族，而抚有夷之人民土地，故《吕览》曰：“商人服象，为虐于东夷。”虽到宋襄公，还是忘不了东夷，活活的牺牲了夏代的后人以取悦于东夷。殷曾部分的同化于夷，逸书曰“纣越厥夷居而不事上帝”，似乎殷末已忽略其原有之五方帝的宗教，改从夷俗，在亡国时飞廉、恶来诸夷人犹为之死。周武王灭商之后，周公之践奄憝熊盈国，鲁公成王之应付“淮夷徐戎并兴”，仍全是夷夏交争之局面，与启益间，少康羿浞间之斗争，同为东西之斗争。西周盛时，徐能西伐济于河，俨然夷羿陵夏之风势。然经籍中所谓虞夏商周之四代，并无夷之任何一宗，这当是由于虞夏商周四代之说，乃周朝之正统史观，不免偏重西方，忽略东方。若是殷人造的，或者以夷代夏。所谓“裔（疑即衣［殷］字）不谋夏，夷不乱华”者，当是西方人的话。夏朝在文化上的供献何若，今尚未有踪迹可寻，然诸夷姓之供献却实在不少。春秋战国的思想家，在组织一种大一统观念时，虽不把东夷放在三代之系统内，然已把伯夷、皋陶、伯益放在舜禹庭中，赓歌揖让，明其有分庭抗礼的资格（四岳为姜姓之祖，亦是另一部落，非一庭之君臣，乃异族之酋长，说详姜姓篇）。《左传》中所谓才子不才子，与《书·尧典》、《皋陶谟》所举之君臣，本来是些互相斗争的部族和不同时的酋长或宗神，而哲学家造一个全神堂，使之同列在一个朝庭中。“元首股肱”，不限于千里之内，千年之间。这真像希腊的全神堂，本是多元，而希腊人之综合的信仰，把他们硬造成一个大系。只是夷夏列国列族的地望世系尚不尽失，所以我们在今日尚可从哲学家的综合系统中，分析出族部的多元状态来。

五、总结上文

说到这里，我们可以综合前几章中所论的结果，去讨论古代中国由部落进为王国（后来又进为帝国）的过程中，东西对峙的总局面。

随便看一个有等高线的中国地图，例如最近《申报》出版的丁文江、翁文灏、曾世英合著《中国分省图》，不免觉得黄河下流及淮济流域一带，和太行山及豫西群山以西的地域，有个根本的地形差别。这样东边的一大片，是个水道冲积的大平原，除山东半岛上有些山地以外，都是些一二百公尺以下的平地，水道改变是极平常的事；若非用人工筑堤防，黄河直无水道可言。西边的一大片是些夹在山中的高地，城市惯分配在河流的两岸。平汉铁路似乎是这个东西地形差别的好界线，不过在河南省境内郑州以下东平原超过平汉线西面几百里，在湖北情形更不整齐了。

我们简称东边一片平地曰东平原区，简称西边一片夹在大山中的高地曰西高地系。

东平原区是世界上极平的大块土地之一，平到河流无定的状态中，有人工河流始有定路，有堤防黄河始有水道，东边是大海，还有两个大半岛在望，可惜海港好的太少，海中岛屿又太少，是不能同希腊比的。北边有热、察两省境的大山做屏障，只是这些山脉颇有缺口，山外便是直把辽洮平原（外国书中所谓满洲平原）经天山北路直到南俄罗斯平原连作一气的无障大区域，专便于游牧人生活的。东平原本有它的姊妹行，就是辽洮平原，不过两者中间以热河山地之限制，只有沿海一线可通，所以本来是一个的，分而为不断的两个了。辽洮平原与东平原的气候颇有差别，这个差别在初期农业中很有意义的，但此外相同处远在东平原与任何平原之上。东平原如以地平论，南端可以一直算到浙西，不过南渡淮水不远，雨量也多了，溪沼也多了，地形与地利全不是一回事了。所以我们的东平原中可有淮南，却不能有江北。东平原中，在古代有更多的泽渚为泄水之用，因垦地及人口之增加，这些泽渚一代比一代少了。这是绝好的大农场而缺少险要形胜，便于扩大的政治，而不便于防守。

西高地系是几条大山夹着几条河流造成的一套高地系。在这些高地里头关中高原最大，兼括渭泾洛三水下流冲积地，在经济及政治的意义上也最重要。其次是汾水区，汾水与黄河夹着成一个“河东”，其重要仅次于渭水区。又其次是伊雒区，这片高地本不大，不过是关中河东的东面大口，自西而东的势力，总要以雒阳为控制东平原区的第一步重镇。在这三片高地之西，还有陇西区，是泾渭的上游；有洮湟区，是昆仑山脚下的高地。在关中之北，过了洛水的上游，又是大块平的高原了。这大高原在地形上颇接近蒙古高原，甚便于游牧人，如无政治力量，阴山是限不住胡马的。在这三片之南，过了秦岭山脉，便是汉水流域。汉水流域在古代史上大致可分汉中、江汉、汉东三区。就古代史的意义说，汉水是长江的正原，不过这一带地方，因秦岭山脉之隔绝，与我们所谓西高地系者不能混为一谈。西高地系在经济的意义上，当然不如东平原区，然而也还不太坏，地形尤其好，攻人易而受攻难。山中虽不便农业，但天然的林木是在早年社会发展上很有帮助的，陵谷的水草是便于畜牧的。这样的地理形势，容易养成强悍部落。西高地系还有一个便利处，也可以说是一种危险处，就是接近西方，若有文化自中央亚细亚或西方亚细亚带来，它是近水楼台。

人类的住家不能不依自然形势，所以在东平原区中好择高出平地的地方住，因而古代东方地名多叫作丘。在西高地系中好择近水流的平坦地住，因而古代西方地名多叫作原。

在前四章中，我们把夷夏殷的地望条理出来，周代之创业岐阳又是不用证的。现在若把他们分配在本章的东西区域，我们可说夷与殷显然属于东系，夏与周显然属于西系。

同在东区之中，殷与夷又不同。诸夷似乎以淮济间为本土，殷人却是自北而南的。殷人是不是东方土著，或是从东北来的，自是可以辩论的问题，却断乎不能是从西北来的，如太史公所说。他们南向一过陇海线，便向西发展，一直伸张到陕甘边界或更西。夷人中，虽少皞一族，也不曾在军事上、政治上有殷人的成功。但似乎人口非常众多，文化也有可观。殷人所以能建那样一个东起辽海西至氐羌的大帝国，也许是先凭着蓟辽的武力，再占有淮济间的经济与人力，所以西向无敌。

同在西系之中，诸夏与周又不尽在一处。夏以河东为土，周以岐渭为本。周在初步发展时，所居比夏更西，但他们在东向制东平原区时，都以雒邑为出口，用同样的形势临制东方（夏都洛阳说，考见《求古录·礼说》）。

因地形的差别，形成不同的经济生活，不同的政治组织，古代中国之有东西二元，是很自然的现象。不过，黄河淮水上下流域到底是接近难分的地形。在由部落进为帝国的过程达到相当高阶段时，这样的东西二元局势，自非混合不可，于是起于东者，逆流压迫西方，起于西者，顺流压迫东方。东西对峙，而相争相灭，便是中国的三代史。在夏之夷夏之争，夷东而夏西。在商之夏商之争，商东而夏西。在周之建业，商奄东而周人西。在东方盛时，“自彼氐羌，莫敢不来享，莫敢不来王，曰商是常”。在西方盛时，“东人之子，职劳不来。西人之子，粲粲衣服”。秦并六国，虽说是个新局面，却也有夏周为他们开路。关东亡秦，虽说是个新局面，却也有夷人“释舟陵行”，殷人“覃及鬼方”，为他们做前驱。且东西二元之局，何止三代，战国以后数百年中，又何尝不然？秦并六国是西胜东，楚汉亡秦是东胜西，平林赤眉对新室是东胜西，曹操对袁绍是西胜东。不过，到两汉时，东西的混合已很深了，对峙的形势自然远不如三代时之明了。到了东汉，长江流域才普遍的发达。到孙氏，江南才成一个政治组织。从此少见东西的对峙了，所见多是南北对峙的局面。然而这是汉魏间的新局面，凭长江发展而生之局面，不能以之追论三代事。

现在将自夏初以来“东西对峙”的局面列为一表，以醒眉目。

正线的东西相争	结局	斜线的东西相争	结局
东　西		东　西	
夷——夏	东西互胜，夷曾一度灭夏后氏，夏亦数度克夷，但夏终未尽定夷地		
商——夏	东胜西	殷——鬼方	东胜西
殷——周	西胜东	淮夷——周	虽淮夷曾再度危及成周，终归失败
六国——秦	西胜东		
陈项等——秦	东胜西		
楚——汉	西胜东		

据此表，三代中东胜西之事较少，西胜东之事甚多。胜负所系，不在一端，或由文化力，或由战斗力，或由组织力。大体说来，东方经济好，所以文化优。西方地利好，所以武力优。在西方一大区兼有巴蜀与陇西之时，经济上有了天府，武力上有了天骄，是不易当的。然而东方的经济人文，虽武力上失败，政治上一时不能抬头，一经多年安定之后，却是会再起来的。自春秋至王莽时，最上层的文化只有一个重心，这一个重心便是齐鲁。这些话虽在大体上是秦汉的局面，然也颇可以反映三代的事。

谈到这里，读者或不免要问，所谓东平原区，与所谓西高地系，究竟每个有没有它自己的地理重心，如后世之有关洛、郮都、建业、汴京、燕山等。答曰：在古代，社会组织不若战国以来之发达时，想有一个历代承继的都邑，是不可能的。然有一个地理的重心，其政治的、经济的、因而文化的区域，不随统治民族之改变而改变，却是可以找到的。这样的地理重心，属于东平原区者，是空桑，别以韦为辅。属于西高地系者，是雒邑，别以安邑为次。请举其说如下：

在东平原区中，其北端的一段，当今河北省中部偏东者，本所谓九河故道，即是黄河近海处的无定冲积地。这样地势，在早期社会中是很难发达的，所以不特这一段（故天津府、河间府、深冀两直隶州一带）在夏殷无闻，就是春秋时也还听不到有何大事在此地发生。齐燕之交，仿佛想象有一片瓯脱样的。到了春秋下半，凭借治水法子之进步（即是堤防的法子进步，所谓以邻国为壑），这一带"河济间之沃土"，至关重要。这样的一块地方，当然不能成为早期历史中心的。至于山东半岛，是些山地，便于小部落据地固守，在初时的社会阶段之下，亦难成为历史的重心。只有这个大平原区的南部，即是西起陈、东至鲁一带，是理想的好地方，自荥泽而东，接连不断地有好些蓄水湖泽，如菏泽、孟诸等，又去黄河下游稍远，所以天然的水患不大，地是最肥的，交通是最便当的。果然，历史的重心便在此地排演。太昊都陈，炎帝自陈徙曲阜（《周本纪·正义》引《帝王世纪》)，曲阜一带，即空桑之地。穷桑有穷，皆空桑一名之异称。所谓空桑者，在远古是一个极重要的地方。少昊氏的大本营在这里，后羿立国在这里，周公东征时的对象奄国在这里，这些事都明白指示空桑是个政治中心。五祀之三，勾芒、蓐收、玄冥，起于此地(《左传》昭二十九及他书)，后羿立国在此地。此地土著之伊尹，用其文化所赋之智谋以事汤，遂灭夏；此地土著之孔子凭借时势，遂成儒宗。这些事都明白指示空桑是个文化中心。古代东方宗教中心之太山、有虞氏及商人所居之商丘及商人之宗邑蒙亳，皆在空桑外环。这样看，空桑显然是东平原区之第一重心，政治的及文化的。

在东平原区中，地位稍次于空桑之重心，是郼。郼读如衣，衣即是殷(见《吕氏·慎大览》高诱注)。殷地者，其都邑在今河南省北端安阳县境，汤灭韦而未都，其后世自河南迁居于此。在商人统治此地以前，此地之有韦，大约是一个极重要的部落，所以《诗·商颂》中拿它和夏桀并提。商人迁居此地之目的，大约是求便于对付西方，自太行山外而来的戎祸，即所谓鬼方者，恰如明成祖营北平而使子孙定居，是为对付北鞑者一般。商人居此地数百年，为人称曰殷商，即等于称在殷之商。末世虽号称都朝歌，朝歌实尚在郼地范围，所以成王封唐叔于卫，曰“封于殷虚”（定四）。此地入周朝，犹为兵政之重镇（看白懋父敦等）。又八百年后入于秦，为东郡，又成控制东方之重镇。到了汉末，邺为盛都，五胡时，割据中原者多都之，俨然为长安雒阳的敌手。

在西高地系内，正中有低地一条，即汾洛泾渭伊雒入河之距形长条，此长条在地形上之优点，地图已明白宣示，不待历史为它说明。它是一群高地所环绕的交通总汇，东端有一个控制东平原的大出口。利用这个形势成为都邑，便是雒阳。如嫌雒阳过分出于形胜的高地之外，则雒阳以西经过殽函之固，又过了河，便是安邑。雒阳为夏周两代所都，其政治的重要不待说（夏亦曾都雒阳，见《求古录·礼说》）。安邑一带，是夏代之最重要区域。在后世，唐叔受封，而卒成霸业。魏氏受邑，而卒成大名。直到战国初，安邑仍为三晋领袖之魏国所都，用以东临中原，西伺秦胡者。河东之重要，自古已然，不待刘渊作乱、李氏禅隋，方才表显它的地理优越性。

以上所举，东方与西土之地理重心，在东平原区中以南之空桑为主，以北之有鄁为次；在西高地系中，以外之雒阳为主，内之安邑为次，似皆是凭借地形，自然长成，所以其地之重要，大半不因朝代改变而改变。此四地之在中国三代及三代以前史中，恰如长安、雒邑、建康、汴梁、燕山之在秦汉以来史。秦汉以来，因政治中心之迁移，有此各大都邑之时隆时降。秦汉以前，因部落及王国之势力消长，有本文所说。四个地理重心虽时隆时降，其为重心却是超于朝代的。认识此四地在中国古代史上的意义，或者是一件可以帮助了解中国古代史“全形”的事。

（原载1933年1月《国立中央研究院历史语言研究所集刊》外编第一种《庆祝蔡元培先生六十五岁论文集》）

姜 原

一、姜之世系

《左传》一部书是如何成就的，我们现在还不能确切地断定；但，一、必不是《春秋》的传；二、必与《国语》有一亲密的关系；则除去守古文家法者外，总不该再怀疑了。《国语》《左传》虽是混淆了的书，但确也是保存很多古代史料的书。例如古代世系，这书中的记载很给我们些可供寻思的材料。世系的观念他们有，他们又有神话，结果世系和神话混为一谈。民族的观念，他们没有，但我们颇可因他们神话世系的记载寻出些古代的民族同异的事实来。

譬如姜之一姓，《国语》中有下列的记载：

昔少典取于有蛴氏，生黄帝、炎帝。黄帝以姬水成，炎帝以姜水成，成而异德，故黄帝为姬，炎帝为姜。二帝用师以相济也，异德之故也。异姓则异德，异德则异类。异类虽近，男女相及，以生民也。同姓则同德，同德则同心，同心则同志。同志虽远，男女不相及，畏黩敬也。（《晋语·四》）

姜嬴荆芈，实与诸姬代相干也。姜，伯夷之后也；嬴，伯翳之后也。伯夷能礼于神以佐尧者也；伯翳能议百物以佐舜者也。其后皆不失祀，而未有兴者。周衰，其将至矣！（《郑语》）

昔共工弃此道也，虞于湛乐，淫失其身；欲壅防百川，堕高堙庳，以害天下。皇天弗福，庶民弗助；祸乱并兴，共工用灭。其在有虞，有崇伯鲧，播其淫心，称遂共工之过，尧用殛之于羽山。其后伯禹念前之非度，厘改制量，象物天地，比类百则，仪之于民，而度之于群生。共工从孙四岳佐之，高高下下，疏川导滞，钟水丰物。封崇九山，决汩九川，陂鄣九泽，丰殖九薮，汩越九原，宅居九隩，合通四海。故天无伏阴，地无散阳，水无沉气，火无灾燀，神无间行，民无淫心，时无逆数，物无害生。帅象禹之功，度之于轨仪；莫非嘉绩，克厌帝心。皇天嘉之，祚以天下，赐姓曰姒，氏曰有夏，谓其能以嘉祉殷富生物也。祚四岳国，命以侯伯，赐姓曰姜，氏曰有吕，谓其能为禹股肱心膂，以养物丰民人也。此一王四伯，岂繄多宠？皆亡王之后也！唯能厘举嘉义，以有胤在下，守祀不替其典。有夏虽衰，杞鄫犹在。申吕虽衰，齐许犹在。唯有嘉功，以命姓受祀，迄于天下。及其失之也，必有慆淫之心闲之，故亡其氏姓，踣毙不振，绝后无主，湮替隶圉。夫亡者岂繄无宠？皆黄炎之后也！（《周语·下》）

昔烈山氏之有天下也，其子曰柱，能殖百谷百蔬。

夏之兴也，周弃继之，故祀以为稷。共工氏之伯九有也，其子曰后土，能平九土，故祀以为社。（《鲁语·上》）

齐许申吕由太姜。（《周语·中》）

又《诗·大雅·生民》：“厥初生民，实维姜嫄。”《诗·鲁颂·閟宫》：“赫赫姜嫄，其德不回。”周以姬姓而用姜之神话，则姬周当是姜姓的一个支族，或者是一更大之族之两支。根据上列记载，可得下列之表：

少典 ┌ 姜（炎帝）—共工 ─┐
　　 │　　　　　　　　　└─ 伯夷—四岳国—齐许申吕诸国
　　 └ 姬（黄帝）

二、姜之地望

在西周封建的事迹中，有一件很当注意者，就是诸侯的民族不必和他所治的民族是一件事。譬如勾吴，那地方的人民是断发文身的，而公室是姬姓；晋，那地方的人民是唐国之遗，而公室是姬姓；虞，那地方是有虞，而公室又是姬姓。齐之民族必是一个特异的民族，可以《史记·封禅书》《汉书·郊祀志》及传记所载齐人宗教之迹为证。但公室乃是四岳之后，后来又是有虞之后了。认清这件事实，然后可以不根据齐民族之特异，论到姜姓之公室。

姜姓国见于载记者，有下列数国：

许

申

吕　或作甫

以上所谓四岳国，在今河南中部向西南境山中。

姜戎　《左传》襄十四年（前559年）：将执戎子驹支。范宣子亲数诸朝，曰："来！姜戎氏！昔秦人迫逐乃祖吾离于瓜州。乃祖吾离被苫盖，蒙荆棘，以来归我先君。我先君惠公有不腆之田，与女剖分而食之。今诸侯之事我寡君不如昔者，盖言语漏泄，则职女之由。诘朝之事，尔无与焉！与将执女！”对曰：“昔秦人负恃其众，贪于土地，逐我诸戎。惠公蠲其大德，谓我诸戎是四岳之裔胄也，毋是翦弃。赐我南鄙之田，狐狸所居，豺狼所嗥。我诸戎除翦其荆棘，驱其狐狸豺狼，以为先君不侵不叛之臣，至于今不贰。昔文公与秦伐郑，秦人窃与郑盟，而舍戍焉。于是乎有殽之师。晋御其上，戎亢其下。秦师不复，我诸戎实然。譬犹捕鹿，晋人角之，诸戎掎之，与晋踣之。戎何以不免？自是以来，晋之百役，与我诸戎相继于时，以从执政，犹殽志也。岂敢离逷？今官之师旅，无乃实有所阙，以携诸侯，而罪我诸戎？我诸戎饮食衣服不与华同，贽币不通，言语不达，何恶之能为？不与于会，亦无瞢焉！”赋《青蝇》而退。宣子辞焉，使即事于会。

齐　《国语》，齐许申吕由太姜

纪

向

州

莱　莱在顾栋高《春秋大事表》中列为姜姓，然此说实可疑。其言曰：“襄二年传：‘齐侯使诸姜宗妇来送葬，召莱子，莱子不会。’是莱亦齐同姓国也。”按，莱子非宗妇，何以召及莱子，而莱子必会？或因莱子夫人是姜姓，故莱子必会乎（唯“宗妇”寻常之解并不如是耳）？此说若确，则莱非姜姓。又，《史记》：“莱人，夷也，与齐争国。”然则果是姜姓，亦当是后来齐国所分植。

以上五国皆在山东境，纪州莱皆环齐，为之邻者。

姜　据古本《竹书纪年》，宣王时戎人灭姜姓之邑，引见《后汉书·西羌传》。准以芈曹等皆为先代国名后代姓号之例，姜之为姓必原是国名。唯此姜侯是否姜姓，或是他族封建于其地者，则不可考。

综合上举《国语》《左传》之记载，知姜之所在有两个区域：一在今河南西境，所谓四岳之后者；一在今山东东境。然河南西境必是四岳之本土，此可以“齐许申吕由大姜”及“太公封于营丘，比及五世，皆返葬于周”，诸说证之。齐本是由四岳国里出来的，望伋两代仍用吕称（《书·顾命》齐侯吕伋）。若齐旁诸姜，当是齐之宗姓分封者，姜之先世为四岳，四岳之地望如可确定，则姜为何处的民族，可以无疑问了。

有把四岳当作人的，例如战国秦汉间之《尧典》；又有把四岳当作岱宗等四山的，例如杜预注《左传》。但四岳实是岳山脉中的四座大山，四岳之国便是这些山里的部落。《诗·大雅》："崧高维岳，骏极于天。维岳降神，生甫及申。维申及甫，维周之翰。"毛云："崧，高貌，山大而高曰崧。岳，四岳也。"那么，申甫一带的山，即是四岳了。同篇下文说："亹亹申伯，王缵之事。于邑于谢，南国是式。王命召伯，定申伯之宅。登是南邦，世执其功。王命申伯，式是南邦。因是谢人，以作尔庸。"这是说申境向南移。其向南移的地方在谢，其差在北的地方可以推想。又《诗·王风·扬之水》说：

扬之水，不流束薪。彼其之子，不与我戍申。怀哉怀哉！曷月予还归哉！

扬之水，不流束楚。彼其之子，不与我戍甫。怀哉怀哉！曷月予还归哉！

扬之水，不流束蒲。彼其之子，不与我戍许。怀哉怀哉！曷月予还归哉！

如此看来，申、甫、许在一块儿。许之称至今未改，申又可知其后来在谢，则申、许、吕之地望大致可知了。《郑语》史伯曰："当成周者，南有申吕。"可知《汉书·地理志》"南阳郡宛县，故申伯国"，《水经注》"宛西吕城，四岳受封于吕"，诸说当不误。

然姜之本原实在许谢迤西大山所谓“九州”者之中。《郑语》“谢西之九州何如”，可知谢西之域名九州。《左传》昭四年（前538年）：“四岳、三涂、阳城、大室、荆山、中南，九州之险也。”杜注：三涂在陆浑县南（今嵩县）；阳城在阳城县（今登封县）东北；大室在河南阳城县西北；荆山在新城沶乡县（今湖北郧阳一带与河南之界）南；中南在始平武功县（今武功县）西。然则九州之区域正是现在豫西渭南群山中，四岳亦在此九州内，并非岱宗等四山。

又据上文所引，《左传》襄十四年（前559年）姜戎一段，知九州之一名瓜州，其地邻秦，其人为姜姓，其类则戎。虽则为戎，不失其为四岳之后。四岳之后，有文物之大国齐，又有戎者，可以女真为例。建州女真征服中夏之后，所谓满洲八旗者尽染华风，而在混同江上之女真部落，至今日仍保其渔猎生活，不与文化之数。但借此可知姜本西戎，与周密迩，又为姻戚，唯并不是中国。

姜之原不在诸夏，又可以《吕刑》为证。《吕刑》虽列《周书》，但在先秦文籍今存者中，仅有《墨子》引它。若儒家书中引《吕刑》者，只有汉博士所作之《孝经》与记而已。《吕刑》全篇祖述南方神话，全无一字及宗周之典。其篇首曰：“惟吕命，王享国百年，耄，荒度作刑以诘四方。”《史记》云："甫侯言于王。"郑云："吕侯受王命，入为三公。"这都是讲不通的话。"吕命王"到底不能解作"王命吕"。如以命为吕王之号，如周昭王之类，便"文从字顺"了，篇中王曰便是吕王曰了。吕称王并见于彝器，吕王𠫑做大姬壶，其辞云："吕王𠫑作大姬尊壶，其永宝用享。"（见《愙斋集古录》第十四）可知吕称王本有实物为证。吕在周代竟称王，所谈又是些外国语，则姜之原始不是诸夏，可谓信而有征。

三、姜姓在西周的事迹

姜与姬是姻戚，关系极复杂，上文已经说了。若姜姓者在西周的事迹，则公望申伯为大，与西周兴亡颇有关系。公望佐周，《诗经》有证。《大明》："牧野洋洋，檀车煌煌，驷騵彭彭。维师尚父，时维鹰扬。"又，齐侯吕伋在成昭间犹为大臣。《书·顾命》："俾爰齐侯吕伋以二干戈，虎贲百人，逆子钊于南门之外。"申伯在西周末极有势力，《崧高》一篇可以为证。《郑语》史伯曰："申、缯、西戎方强，王室方骚。将以纵欲，不亦难乎？王欲杀太子，以成伯服，必求之申。申人弗畀，必伐之。若伐申，而缯与西戎会以伐周，周不守矣。缯与西戎方将德申，申、吕方强，其隩爱太子亦必可知也。王师若在，其救之亦必然矣。王心怒矣，虢公从矣。凡周存亡，不三稔矣。”这虽是作为预言写的，其实还是后人追记宗周亡的事实。周兴有公望为佐，周亡由于申祸：姜之与姬，终始有关系也。

四、姜羌为一字

周代的习俗，“男子称氏，女子称姓”。姓非男子所称，乃是女子所专称，所以姓之字多从女。金文中姬姜异文甚多，然无一不从女。《说文》标姓皆从女。后人有以为这是姓由母系的缘故，这实在是拿着小篆解字源之错误。假令中国古代有母统制度，必去殷周之际已极远，文字必不起于母统时代之茫昧。知女子称姓，则姓从女之义并不足发奇想的。女子称姓之习惯，在商代或者未必这样谨严。鬼方之鬼，在殷墟文字中或从人或从女。照此，则殷墟文字中出现羌字之从人，与未出现从女之姜字，在当时或未必有很大的分别。到后来男女的称谓不同，于是地望从人为羌字，女子从女为姜字，沿而为二了。不过汉晋儒者还是知道羌即是姜的。

但，姜羌之同，是仅仅文字上一名之异流呢，或者种族上周姜汉羌是一事？照《后汉书·西羌传》：“西羌之本出自三苗，姜姓之别也。”则范晔认姜、羌为一事。范晔虽是刘宋人，但范氏《后汉书》仅是文字上修正华氏、司马氏的，这话未必无所本。且《西羌传》中所记事，羌的好些部落本是自东向西移的，而秦之强盛尤与羌之西去有关系。这话正和《左传》襄十四年（前559年）姜戎子的一段话是一类的事。那么，汉代羌部落中有些是姜氏，看来像是如此。不过羌绝不是一个单纯的名词，必含若干不同的民族，只以地望衔接的关系，被汉人一齐呼作羌罢了。

姜之一部分在殷周之际为中国侯伯，而其又一部分到后汉一直是戎狄，这情形并不奇怪。南匈奴在魏晋时已大致如汉人，北匈奴却跑得不知去向。契丹窃据燕云，同于汉化，至今俄夷以契丹为华夏之名，其本土部落至元犹繁。女真灭辽毒宋，后来渡河南而自称中州，其东海的部落却一直保持到现在；虽后来建州又来荼毒中夏，也还没有全带进来。蒙古在伊兰汗者同化于波斯，在钦察汗者同化于俄罗斯，在忽必烈汗国者同化于中国，在漠南北者依旧保持游牧生活。一个民族分得很远之后，文野有大差别，在东方的成例已多，在欧洲、西亚尤其不可胜数了。

中华民国十九年二月北平

（原载1930年5月《国立中央研究院历史语言研究所集刊》第二本第一分）

周东封与殷遗民

此我所著《古代中国与民族》一书中之一章也。是书经始于五年以前，至民国二十年夏，写成者将三分之二矣。日本寇辽东，心乱如焚，中辍者数月。以后公私事纷至，继以大病，至今三年，未能杀青，惭何如之！此章大约写于十九年冬，或二十年春，与其他数章于二十年十二月持以求正于胡适之先生。适之先生谬为称许，嘱以送刊于北大《国学季刊》。余以此文所论多待充实，逡巡未果。今春适之先生已于同一道路上作成丰伟之论文，此文更若爝火之宜息矣。而适之先生勉以同时刊行，俾读者有所参考。今从其命，并志同声之欣悦焉。

[民国] 二十三年六月

商朝以一个六百年的朝代，数千里的大国，在其亡国前不久帝乙时，犹是一个强有兵力的组织，而初亡之后，王子禄父等依然能一次一次地反抗周人，何以到周朝天下事大定后，封建者除区区二三百里之宋，四围以诸姬环之，以外，竟不闻商朝遗民尚保存何部落，何以亡得那么干净呢？那些殷商遗民，除以“顽”而迁雒邑者外，运命是怎么样呢？据《逸周书·世俘解》：“武王遂征四方，凡憝国九十有九国，馘磿亿有十万七千七百七十有九，俘人三亿万有二百三十，凡服国六百五十有二。”果然照这样子“憝”下去，再加以周公、成王之“善继人之志，善述人之事”，真可以把殷造民“憝”完。不过那时候的农业还不曾到铁器深耕的时代，所以绝对没有这么许多人可“憝”，可以“馘磿”，所以这话竟无辩探的价值，只是战国人的一种幻想而已。且诘屈聱牙的《周诰》上明明记载周人对殷遗是用一种相当的怀柔政策，而近发见之白懋父敦盖（中央研究院历史语言研究所藏器）记“王命伯懋父以殷八𠂤征东夷”。然则周初东征的部队中当不少有范文虎、留梦炎、洪承畴、吴三桂一流的汉奸。周人以这样一个“臣妾之”之政策，固速成其王业，而殷民借此亦可延其不尊荣之生存。《左传》定四年（前506年）记周以殷遗民作东封，其说如下：

昔武王克商，成王定之，选建明德，以藩屏周。故周公相王室，以尹天下，于周为睦。分鲁公以大路、大旗，夏后氏之璜，封父之繁弱；殷民六族，条氏、徐氏、萧氏、索氏、长勺氏、尾勺氏，使帅其宗氏，辑其分族，将其类丑，以法则周公，用即命于周。是使之职事于鲁，以昭周公之明德。分之土田陪敦，祝宗、卜、史，备物、典策，官司、彝器。因商奄之民，命以《伯禽》，而封于少皞之墟。分康叔以大路、少帛、綪茷、旃旌、大吕；殷民七族，陶氏、施氏、繁氏、锜氏、樊氏、饥氏、终葵氏。封畛土略，自武父以南，及圃田之北竟，取于有阎之土，以共王职，取于相土之东都，以会王之东蒐。聃季授土，陶叔授民。命以《康诰》，而封于殷墟。皆启以商政，疆以周索。分唐叔以大路、密须之鼓，阙巩、沽洗，怀姓九宗，职官五正。命以《唐诰》，而封于夏墟。启以夏政，疆以戎索。

可见鲁卫之国为殷遗民之国，晋为夏遗民之国，这里说得清清楚楚。所谓“启以商政，疆以周索”者，尤显然是一种殖民地政策，虽取其统治权，而仍其旧来礼俗，故曰“启以商政，疆以周索”。这话的绝对信实更有其他确证。现分述鲁、卫、齐三国之情形如下：

鲁　《春秋》及《左传》有所谓“亳社”者，是一件很重要的事。“亳社”屡见于《春秋经》。以那样一个简略的二百四十年间之“断烂朝报”，所记皆是戎祀会盟之大事，而“亳社”独占一位置，则“亳社”在鲁之重要可知。且《春秋》记“亳社（《公羊》作蒲社）灾”在哀四年（前491年），去殷商之亡已六百余年，已与现在去南宋之亡差不多（共和前无确切之纪年，姑据《通鉴外纪》，自武王元年至哀四年为631年，宋亡于祥兴二年（1279年），去中华民国二十年（1931年）凡六百五十二年，相差甚微）。“亳社”在殷亡国后六百余年犹有作用，是甚可注意之事实。且《左传》所记“亳社”中有两事尤关重要。哀七年（前488年），“以邾子益来献于亳社”。杜云：“以其亡国与殷同。”此真谬说。邾于殷为东夷，此等献俘，当与宋襄公“用鄫子于次睢之社，欲以属东夷”一样，周人谄殷鬼而已。又定六年（前504年），“阳虎又盟公及三桓于周社，盟国人于亳社”。这真清清楚楚指示我们：鲁之统治者是周人，而鲁之国民是殷人。殷亡六七百年后之情形尚如此，则西周时周人在鲁不过仅是少数的统治者，犹钦察汗金骑之于俄罗斯诸部，当更无疑问。

说到这里，有一件很重要的事当附带着说。孔子所代表之儒家，其地理的及人众的位置在何处，可以借此推求。以儒家在中国文化进展上的重要，而早年儒教的史料仅仅《论语》《檀弓》《孟子》《荀子》几篇，使我们对于这个宗派的来源不明了，颇是一件可惜的事。孙星衍重修之《孔子集语》，材料虽多，几乎皆不可用。《论语》与《檀弓》在语言上有一件特征，即“吾”“我”“尔”“汝”之分别颇显，此为胡适之先生之重要发见（《庄子·齐物》等篇亦然）。《檀弓》与《论语》既为一系，且看《檀弓》中孔子自居殷人之说于《论语》有证否。

> 孔子蚤作，负手曳杖，消摇于门，歌曰：“泰山其颓乎？梁木其坏乎？哲人其萎乎？”既歌而入，当户而坐。子贡闻之，曰：“泰山其颓，则吾将安仰？梁木其坏，哲人其萎，则吾将安放？夫子殆将病也。”遂趋而入。夫子曰：“赐，尔来何迟也？夏后氏殡于东阶之上，则犹在阼也。殷人殡于两楹之间，则与宾主夹之也。周人殡于西阶之上，则犹宾之也。而丘也，殷人也。予畴昔之夜，梦坐奠于两楹之间。夫明王不兴，而天下其孰能宗予？予殆将死也！”盖寝疾七日而没。（《檀弓》）

这话在《论语》上虽不曾重见（《檀弓》中有几段与《论

语》同的），然《论语》《檀弓》两书所记孔子对于殷周两代之一视同仁态度，是全然一样的。

行夏之时，乘殷之辂，服周之冕，乐则韶舞。

殷因于夏礼，所损益，可知也；周因于殷礼，所损益，可知也；其或继周者，虽百世可知也。

周监于二代，郁郁乎文哉！吾从周。

夏礼，吾能言之，杞不足征也；殷礼，吾能言之，宋不足征也；文献不足故也，足则吾能征之矣。（《论语》）

殷既封而吊，周反哭而吊。孔子曰："殷已悫，吾从周。"

殷练而祔，周卒哭而祔。孔子善殷。（《檀弓》）

（此外，《檀弓》篇中记三代异制而折中之说甚多，不备录）

这些话都看出孔子对于殷周一视同仁，殷为胜国，周为王朝，却毫无宗周之意。所谓从周，正以其"后王灿然"之故，不曾有他意。再看孔子是否有矢忠于周室之心：

公山弗扰以费畔，召，子欲往。子路不说，曰："未之也已，何必公山氏之之也？"子曰："夫召我者，而岂

徒哉？如有用我者，吾其为东周乎？”（《阳货》章。又同章：佛肸召，子欲往。）（《论语》）

子畏于匡，曰：“文王既没，文不在兹乎？天之将丧斯文也，后死者不得与于斯文也。天之未丧斯文也，匡人其如予何？”（《论语》）

这话直然要继衰周而造四代。虽许多事要以周为师，却绝不以周为宗。公羊家义所谓“故宋”者，证以《论语》，当是儒家之本原主义。然则孔子之请讨弑君，只是欲维持当时的社会秩序。孔子之称管仲，只是称他曾经救了文明，免其沉沦，所有“丕显文武”一类精神的话语，不曾说过一句，而明说“其或继周者”（曾国藩一辈人传檄讨太平天国，只是护持儒教与传统之文明，无一句护持满洲，颇与此类）。又孔子但是自比于老彭，老彭是殷人，又称师挚，亦殷人，称高宗不冠以殷商字样，直曰“书曰”。称殷三仁，尤有余音绕梁之趣，颇可使人疑其有“故国旧墟”“王孙芳草”之感。此皆出于最可信的关于孔子之史料，而这些史料统计起来是这样，则孔子儒家与殷商有一种密切之关系，可以晓然。

尤有可以证成此说者，即三年之丧之制。如谓此制为周之通制，则《左传》《国语》所记周人之制毫无此痕迹。孟子鼓动滕文公行三年之丧，而滕国卿大夫说：“吾先君莫之行，吾宗国鲁先君亦莫之行也。”这话清清楚楚证明三年之丧非周礼。然而《论语》上记孔子曰：“夫三年之丧，天下之通丧也。”这话怎讲？孔子之天下，大约即是齐鲁宋卫，不能甚大，可以“登泰山而小天下”为证。然若如“改制托古”者之论，此话非删之便须讳之，实在不是办法。唯一可以解释此困难者，即三年之丧，在东国，在民间，有相当之通行性，盖殷之遗礼，而非周之制度。当时的“君子（即统治者），三年不为礼，礼必坏；三年不为乐，乐必崩”；而士及其相近之阶级，则渊源有自，齐以殷政者也。试看关于大孝，三年之丧，及丧后三年不做事之代表人物，如太甲、高宗、孝已，皆是殷人。而“君薨，百官总已以听于冢宰者三年”，全不见于周人之记载。说到这里，有《论语》一章，向来不得其解者，似可以解之：

> 子曰:“先进于礼乐野人也,后进于礼乐君子也。如用之,则吾从先进。”

此语做何解？汉宋诂经家说皆迂曲不可通。今释此语，须先辨其中名词含义若何。“野人”者，今俗用之以表不开化之人。此为甚后起之义。《诗》“我行其野，芃芃其麦”，明野为农田。又与《论语》同时书之《左传》记僖二十三年（前637年）：“晋公子重耳……出于五鹿，乞食于野人。野人与之块。”然则野人即是农夫，孟子所谓“齐东野人”者，亦当是指农夫。彼时齐东开辟已甚，已无荒野。且孟子归之于齐东野人之尧与瞽叟北面朝舜，舜有惭色之一件文雅传说，亦只能是田亩间的故事，不能是深山大泽中的神话。孟子说到“与木石居，与鹿豕游”，便须加深山于野人之上，方足以尽之（《孟子·尽心》章“其所以异于深山之野人者，几希”）。可见彼时所谓野人，非如后人用之以对“斯文”而言。《论语》中君子有二义：一谓卿大夫阶级，即统治阶级；二谓合于此阶级之礼度者。此处所谓君子者，自当是本义。先进后进自是先到后到之义。礼乐自是泛指文化，不专就玉帛钟鼓而言。名词既定，试翻作现在的话如下：

> 那些先到了开化的程度的，是乡下人；那些后到了开化程度的，是“上等人”。如问我何所取，则我是站在先开化的乡下人一边的。

先开化的乡下人自然是殷遗，后开化的上等人自然是周宗姓婚姻了。

宋　卫　宋为商之转声，卫之名卫由于豕韦。宋为商之宗邑，韦自汤以来为商属。宋之立国始孑微子，固是商之孑遗。卫以帝乙、帝辛之王都，康叔以殷民七族而立国。此两处人民之为殷遗，本不待论。

齐　齐民之为殷遗有二证：一、《书·序》：“成王既践奄，将迁其君于蒲姑。周公告召公，作将蒲姑。”《左传》昭九年（前533年）：“王使詹伯辞于晋曰：‘蒲姑、商奄，吾东土也。’”又，昭二十年（前522年），晏子对景公曰：“昔爽鸠氏始居此地，季荝因之，有逢伯陵因之，蒲姑氏因之，而后太公因之。”《汉书·地理志》云：“齐地殷末有薄姑氏，至周成王时，薄姑与四国共作乱，成王灭之，以封师尚父。”二、请再以齐宗教为证。王静安曰：“曰‘贞方帝卯一牛之南囗’，曰‘贞[illegible]賁于东’，曰‘己巳卜王賁于东’，曰‘賁于西’，曰‘贞賁于西’，曰‘癸酉卜中贞三牛’。曰‘方帝’，曰‘东’，曰‘西’，曰‘中’，疑即五方帝之祀矣。”（《增订殷墟书契考释·下》六十页）然则荀子所谓“按往旧造说谓之五行”者，其所由来久远，虽是战国人之推衍，并非战国人之创作，此一端也。周人逐纣将飞廉于海隅而戮之，飞廉在民间故事中曰黄飞虎。黄飞虎之祀，至今在山东与玄武之祀同样普遍。太公之祀不过偶然有之，并且是文士所提倡，不与民间信仰有关系。我们可说至今山东人仍祭商朝的文信国郑延平，此二端也。至于亳之在山东，泰山之有汤迹，前章中已详论，今不更述。

然则商之宗教，其祖先崇拜在鲁独发展，而为儒学；其自然崇拜在齐独发展，而为五行方士。各得一体，派衍有自。试以西洋史为比：西罗马之亡，帝国旧土分为若干蛮族封建之国。然遗民之数远多于新来之人，故经千余年之紊乱，各地人民以方言之别而成分化，其居意大利、法兰西、西班牙半岛、意大利西南部二大岛，以及多瑙河北岸，今罗马尼亚国者，仍成拉丁民族，未尝为日耳曼人改其文化的、语言的、民族的系统。地中海南岸，若非因亚拉伯人努力其宗教之故，恐至今仍在拉丁范围中。遗民之不以封建改其民族性也如是。商朝本在东方，西周时东方或以被征服而暂衰，入春秋后文物富庶又在东方，而鲁宋之儒墨，燕齐之神仙，唯孝之论，五行之说，又起而主宰中国思想者二千余年。然则谓殷商为中国文化之正统，殷遗民为中国文化之重心，或非孟浪之言。战国学者将一切神话故事充分的伦理化、理智化，于是不同时代不同地方之宗神，合为一个人文的“全神堂”，遂有“皋陶谟”一类君臣赓歌的文章。在此全神堂中，居“敬敷五教”之任者，偏偏不是他人，而是商之先祖契，则商人为礼教宗信之寄象，或者不是没有根据的吧。

（原载1934年《国立中央研究院历史语言研究所集刊》第四本第三分）

大东小东说

——兼论鲁燕齐初封在成周东南后乃东迁

一、大东小东的地望和鲁、燕、齐的初封地

《诗·小雅·大东》篇序曰："东国困于役而伤于财，谭大夫作是诗以告病焉。"其二章云："小东大东，杼柚其空。"大东小东究在何处，此宜注意者也。笺云："小也大也，谓赋敛之多少也。小亦于东，大亦于东；言其政偏，失砥矢之道也。"此真求其说不得而敷衍其辞者。大东在何处，诗固有明文。《鲁颂·闷宫》："奄有龟蒙，遂荒大东。"已明指大东所在，即泰山山脉迤南各地，今山东境，济南泰安迤南，或兼及泰山东部，是也。谭之地望在今济南。谭大夫奔驰大东小东间，大东既知，小东当亦可得推知其地望。吾比较周初事迹，而知小东当今山东濮县，河北濮阳、大名一带，自秦

汉以来所谓东郡者也。欲申此说，不可不于周初方域之迹有所考订，而求解此事，不得不先于东方大国鲁燕齐之原始有所论列焉。

武王伐纣，“致天之届，于牧之野”。其结果诛纣而已，犹不能尽平其国。纣子禄父仍为商君焉。东土之未大定可知也。武王克殷后二年即卒，周公摄政，武庚以奄商淮夷畔，管蔡流言，周室事业之不坠若线。周公东征，三年然后灭奄。

多士多方诸辞，其于殷人之抚柔盖致全力焉。营成周以制东国，其于守防盖甚慎焉。犹不能不封微子以奉殷社，而缓和殷之遗民，其成功盖如此之难且迟也。乃成王初立，鲁、燕、齐诸国即可越殷商故域而建都于海表之营丘，近淮之曲阜，越在北狄之蓟丘，此理之不可能也。今以比较可信之事实订之，则知此三国者，初皆封于成周东南，鲁之至曲阜，燕之至蓟丘，齐之至营丘，皆后来事也。兹分述之：

燕　《史记·燕世家》：“周武王之灭纣，封召公于北燕。其在成王时，召公为三公。自陕以西，召公主之；自陕以东，周公主之。”召公既执陕西之政，而封国远在蓟丘，其不便何如？成王中季，东方之局始定，而周武王灭纣即可封召公于北燕，其不便又何如？按，燕字今经典皆作燕翼之燕，而金文则皆作郾。著录者有郾侯鼎、郾侯戈、郾王剑、郾王喜戈，均无作燕者。郾王喜戈见《周金文存》卷六第八十二页，郾王大事剑见同卷补遗。其书式已方整，颇有隶意，其为战国器无疑。是知燕之称郾，历春秋战国初无二字，经典作燕者，汉人传写之误也。燕既本作郾，则与今河南之郾城，有无关系，此可注意者。在汉世，郾县与召陵县虽分属颍川、汝南二郡，然土壤密迩，今郾城县实括故郾、召陵二县境。近年郾城出许冲墓，则所谓召陵万岁里之许冲，固居今郾城治境中。曰郾曰召，不为孤证，其为召公初封之燕无疑也。[①]

鲁　《史记·鲁世家》："周公卒，子伯禽固已前受封，是为鲁公。鲁公伯禽之初受封，之鲁三年，而后报政周公。周公曰：'何迟也？'伯禽曰：'变世俗，革其礼，丧三年，然后除之；故迟。'大公亦封于齐，五月而报政周公。周公曰：'何疾也？'曰：'吾简其君臣礼，从其俗为也！'及后闻伯禽报政迟，乃叹曰：'呜呼，鲁后世其北面事齐矣！'"按，今河南有鲁山县，其地当为鲁域之原。《鲁颂·閟宫》云：

> 后稷之孙，实维大王。居岐之阳，实始翦商。至于文武，缵大王之绪。致天之届，于牧之野。无贰无虞，上帝临女！敦商之旅，克咸厥功。王曰叔父，建尔元子，俾侯于鲁。

① 去年游开封时，南阳张嘉谋先生告我。

大启尔宇，为周室辅！

此叙周之原始，以至鲁封。其下乃云：

乃命鲁公，俾侯于东。锡之山川，土田附庸。

此则初命伯禽侯于鲁，继命鲁侯侯于东，文义显然。如无迁移之事，何劳重复其词？且许者，历春秋之世，鲁所念念不忘者。《鲁颂·閟宫》：“居常与许，复周公之宇！”《左传》隐公十一年（前712年）：“秋七月，公会齐侯、郑伯伐许。庚辰，傅于许……壬午，遂入许……齐侯以许让公。”灭许尽鲁国先有之，鲁于许有如何关系，固已可疑。春秋只对许宿二国称男，男者，“侯田男”也，见近出土周公子明锡天各器。然则男实为附庸，宿介于宋鲁之间。《左传》僖二十一年（前639年）：“任、宿、须句、颛臾，风姓也，实司太皞与有济之祀，以服事诸夏。”此当为鲁之附庸。许在春秋称男，亦当以其本为鲁附庸，其后郑实密迩，以势临之，鲁不得有许国为附庸，亦不得有许田，而割之于郑。然旧称未改，旧情不忘，歌于《颂》，书于《春秋》。成周东南既有以鲁为称之邑，其东邻则为“周公之宇”，鲁之本在此地无疑也。

楚者，荆蛮北侵后始有此号。《左传》庄十年（前684年）、庄十四年（前680年）、庄二十三年（前671年）、庄二十八年（前666年），皆称荆。僖公元年（前659年），“楚人侵郑”以下乃称楚。金文有“王在楚”之语，知其地必为嵩山迤南山麓之称。《史记》载周公当危难时出奔楚，如非其封地，何得于艰难时走之乎？此亦鲁在鲁山之一证也。

且周公事业，定殷平奄为先。奄当后来鲁境，王静安君论之是矣。周公子受封者，除伯禽为鲁公，一子嗣周公于王田中而外，尚有凡、蒋、邢、茅、胙、祭。如杜预所说地望可据，则此六国者，除蒋远在汝南之南境不无可疑外，其余五国可自鲁山县东北上，画作一线以括之。卫在其北，宋在其南，“周公之宇”东渐之形势可知也。

齐　齐亦在成周之南。《史记·齐世家》：“太公望吕尚者，东海上人。其先祖常为四岳，佐禹平水土，甚有功。虞夏之际，封于吕，或封于申，姓姜氏。夏商之时，申吕或封枝庶子孙，或为庶人，尚其后苗裔也。本姓姜氏，从其封姓，故曰吕尚。吕尚盖常穷困，年老矣，以鱼钓奸周西伯。西伯将出猎，卜之曰：‘所获非龙非彨，非虎非罴，所获霸王之辅。’于是周西伯猎，果遇太公于渭之阳。与语，大说。曰：‘自吾先君太公曰：当有圣人适周，周以兴。子真是邪？吾太公望子久矣！’故号之曰太公望。载与俱归，立为师。或曰：太公博闻，尝事纣。纣无道，去之，游说诸侯。无所遇，而卒西归周西伯。或曰：吕尚处士，隐海滨。周西伯拘羑里，散宜生、闳夭素知而招吕尚。吕尚亦曰：‘吾闻西伯贤，又善养老，盍往焉？’三人者为西伯求美女奇物，献之于纣，以赎西伯。西伯得以出，返国。言吕尚所以事周虽异，然要之为文武师。周西伯昌之脱羑里归，与吕尚阴谋修德以倾商政。其事多兵权与奇计，故后世之言兵及周之阴权皆宗太公为本谋。”

循此一段文章，真战国末流齐东野人之语也。相互矛盾，而自为传奇。《国语》“齐许申吕由太姜”，据此可知齐以外戚而得封，无所谓垂钓以干西伯。《诗·大雅·大明》：“牧野洋洋，檀车煌煌，驷騵彭彭。维师尚父，时维鹰扬。凉彼武王，肆伐大商，会朝清明。”据此，可知尚父为三军之勇将、牧野之功臣，阴谋术数，后人托辞耳。凡此野语，初不足深论者也。

《史记》又云：“于是武王已平商，而王天下，封师尚父于齐营丘。东就国，道宿，行迟。逆旅之人曰：‘吾闻时难得而易失，客寝甚安，殆非就国者也。’太公闻之，夜衣而行，黎明至国。莱侯来伐，与之争营丘。营丘边莱，莱人夷也，会纣之乱，而周初定，未能集远方，是以与太公争国。”

据此可见就国营丘之不易。至于其就国在武王时否，则甚可疑。齐者，济也，济水之域也，其先有有济，其裔在春秋为风姓。而营丘又在济水之东。武王之世，殷未大定，能越之而就国乎？尚父侯伋两世历为周辅，能远就国于如此之东国乎？综合《经》《传》所记，则知太公封邑本在吕也。

《诗·大雅·崧高》：“崧高维岳，骏极于天。”《毛传》曰：“崧，高貌，山大而高曰崧。岳，四岳也。东岳岱，南岳衡，西岳华，北岳恒。”按，崧高之解固确，而四岳所指，则秦汉间地理，与战国末或秦汉时人托之以成所谓“粤若稽古”之《尧典》者合，与周地理全不合。吾友徐中舒先生谓，《左传》昭四年（前538年）“四岳、三涂、阳城、大室、荆山、中南，九州之险也”一句中各地名在一域，则此九州当为一域之名，非如《禹贡》所谓。按，此说是矣。《郑语》：“公曰：‘谢西之九州何如？’”此正昭四年（前538年）《传》所谓九州。谢西之域，即成周之南，当今河南西南境，西接陕西，南接汉阳诸山脉。三涂、阳城、大室、荆山、中南，皆在此区域，四岳亦不能独异也。四岳之国，名号见于经籍者，有申、吕、许。申、吕皆在四岳区域中，可以《诗》证之。“崧高维岳，骏极于天。维岳降神，生甫及申。维申及甫，为周之翰”是也。申在宣王时曾邑于谢。今南阳县境，此为召伯虎所定宅。《崧高》又云：“亹亹申伯，王缵之事。于邑于谢，南国是式。王命召伯，定申伯之宅。登是南邦，世执其功。王命申伯，式是南邦。因是谢人，以作尔庸。”据此，知申在西周晚年曾稍向南拓土也。吕甫为一名之异文，彝器有吕王作大姬壶、吕仲彝等，而《礼记》引《书》作甫刑。《诗·王风》，申甫许并列。《左传》：“楚……子重请取于申、吕，以为赏田……申公巫臣曰：‘不可！此申、吕所以邑也！是以为赋，以御北方。若取之，是无申、吕也！’”申既可知其在谢，吕当去之不远。《水经注》，宛西有吕城，四岳受封，此当不误也。许之地望则以地名至今未改故，更无疑问。四岳之义既得，吕之地望既知，再谈吕与周之关系。姬之与姜，纵非一家之支派，如祝融之八姓者，亦必累世之姻戚，如满洲之于蒙古。《晋语》：“昔少典取于有蛴氏，生黄帝、炎帝。黄帝以姬水成，炎帝以姜水成；成而异德，故黄帝为姬，炎帝为姜。二帝用师以相济也，异德之故也。异姓则异德，异德则异类。异类虽近，男女相及，以生民也。”此真如后来之秦晋、齐鲁，累世相战，亦累世相姻也。《大雅·生民》："厥初生民，时维姜嫄。"《鲁颂·閟宫》述其远祖，而曰："赫赫姜嫄，其德不回。"此则姬姜共其神话，种族上当不无多少关系。《诗》："思齐大任，文王之母，思媚周姜，京室之妇。"《周语》："齐许申吕由太姜。"是知四岳诸国，实以外戚显于周，逮西周之末，申伯犹以外戚强大。《诗·崧高》"不显申伯，王之元舅"是也。其后申竟以外戚之势，亡宗周，而平王惟母族是党，当荆蛮之始大，北窥周南，且劳周民戍于申吕许焉。[①]

传记称齐太公为吕望，《书·顾命》称公为吕伋。此所谓吕者，当非氏非姓。男子不称姓，而国君无氏。[②]此之父子称吕者何谓耶？准以周世称谓见于《左传》等书者之例，此父子之称吕，必称其封邑无疑也。然则齐太公实封于吕，其子犹嗣吕称，后虽封于齐，当侯伋之身旧号未改也。《史记》所载齐就国事，莱夷来争，其初建国之飘摇可知也。《檀弓》："太公封于营丘，比及五世，皆返葬于周。"营丘之不稳可知也。《左传》僖四年（前656年）："管仲对曰：'昔召康公命我先君大公曰，五侯九伯，女实征之，以夹辅周室。赐我先君履，东至于海，西至于河，南至于穆陵，北至于无

---

① 见《诗·王风·扬之水》。

② 见顾亭林《原姓》。

棣。’”似东海之封，始于太公矣。然细察此段文义，实是两句。“五侯九伯，女实征之，以夹辅周室”者，召康公命太公语也。“赐我先君履”者，此先君固不必即为太公，且其四至不括楚地。是则仅言封域之广，为诸侯之霸而已，与上文“五侯九伯，女实征之”者非一事也。

吕既东迁而为齐，吕之故地犹为列国，其后且有称王者。彝器有“吕王鬲作大姬壶”，《书》有“吕命王，享国百年，旄荒”。《书·吕刑》：“惟吕命，王享国百年，耄，荒度作刑，以诘四方。”《史记》云：“甫侯言于王。”郑云：“吕侯受王命入为三公。”此皆求其文理不可解而强解之之辞。吕命王，固不可解作王命吕。如以命为吕王之号，如周昭王之类，则文从字顺矣。且吕之称王，彝器有征。《吕刑》一篇王曰辞中，无一语涉及周室之典，而神话故事，皆在南方，与《国语》所记颇合。是知《吕刑》之王，固吕王，王曰之语，固南方之遗训也。引《吕刑》者，墨子为先，儒家用之不见于《戴记》之先，《论语》《孟子》绝不及之，此非中国之文献儒家之旧典无疑也。然后来吕之世系是否出之太公望，则不可知，其为诸姜则信也。

雒邑之形势，至今日犹有足多者，在当年实为形胜之要地，周人据之以控南方东方之诸侯者也。齐、燕、鲁初封于此，以为周翰，亦固其所。循周初封建之疆，南不逾于陈、蔡，毛郑所谓文王化行江汉者，全非事实，开南国者召伯虎也。[①]东方者，殷商之旧，人文必高，而物质必丰。平定固难，若既平定之后，佐命大臣愿锡土于其地，以资殷富，亦理之常。夫封邑迁移，旧号不改，在周先例甚多，郑其著者。鲁燕移封，不失旧号。吕以新就大国，定宅济水，乃用新号，此本文之结论也。

二、周初东向发展之步骤

春秋战国之际，封建废，部落削，公族除，军国成，故兼并大易。然秦自孝公以来，积数世之烈，至始皇乃兼并六国，其来犹渐，其功犹迟。若八百年而前，部落之局面仍固，周以蕞尔之国，“壹戎殷而天下定”，断乎无是理也。故周之翦服时夏，安定东土，开辟南国，必非一朝之烈，一世之功。言“壹戎殷而天下定”者，诰语之修辞；居然以为文武两代即能化行江汉，奠定东夷者，战国之臆说，汉儒之拘论耳。《诗》《书》所载，周之成功，非一世也，盖自大王至宣

① 说详《国立中央研究院历史语言研究所集刊》第一本《周颂说》，及第二本丁山先生著《召伯虎传》。

王数百年中之功业。若其步骤，则大略可见：其一为平定密、阮、共，此为巩固豳岐之域。二步为灭崇而“作邑于丰”，于是定渭南矣。三步为断虞芮之讼，于是疆域至河东矣。四步为牧野之战，殷商克矣。五步为灭唐，自河东北上矣。六步为伐奄，定淮夷。七步为营成周。以上一二三为文王时事，四五为武王时事，六七为周公时事。至于论南国之疆域，则周初封建，陈蔡为最南。昭王南征而不复，厉宣之世，徐蛮等兵力几迫成周，金文中有证。大定南服，召虎之力为大。此其大略，其详不可得而考，所谓“书缺有间”者也（七步之次，均以数码记于附图中）。

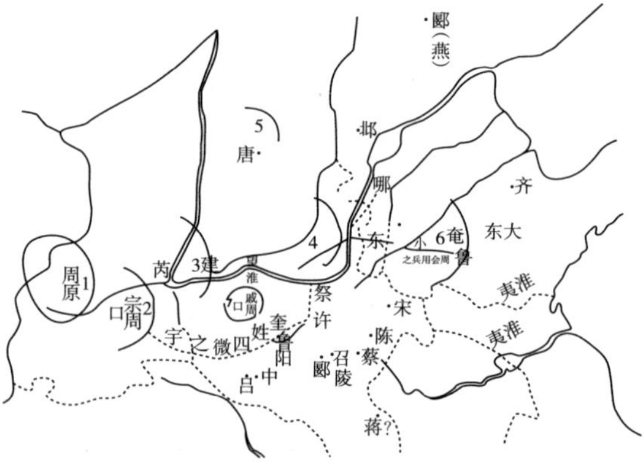

三、周公之事功

周公之在周，犹多尔衮之在后金。原武王虽能平殷，而不能奠定其国。武王初崩之岁，管、蔡流言，武庚以淮夷叛，此其形势之危急，有超过玄晔既亲政后，吴三桂等之倒戈而北。盖三藩之叛，只是外部问题，周公时之困难，不仅奄淮，兼有三叔。此时周公在何处用兵，宜为考求。《诗》《书》所记，只言居东，未指何地为东。然武王渡河，实由盟津，牧野之战，在商北郊。是周人用兵商都，先自南渡河而北，又自西北压之向东南也。后来康叔既封于卫[①]，卫在今黄河北，微子犹得保宋，宋在今黄河南。卫域实殷商之旧都，宋域乃临于淮夷，则周公用兵当经卫之一路。其成功后乃能东南行，而驱商人服象于东夷也[②]，且周公之胤所封国中，凡胙邢三国皆邻于卫。据此可知周公东向戡定所及。奄在今山东境，当春秋时介于齐鲁，此当为今泰山南境。周兵力自卫逼奄，当居今河北省濮阳、大名等县，山东省茌博聊濮等县境，此即秦汉以来所谓

① 吾友顾颉刚先生谓康叔之封应在武王之世。《大诰》乃武王即位之诰，《康诰》亦武王之词。按，宁王一词。既由吴大澂君定为文王，此数篇中曾无一语及武王者，其为武王之诰无疑也。

② 见《吕氏春秋·古乐篇》。

东郡者也。东郡之名原于何时，不可考。《史记》以为秦设，然秦开东土，此非最先，独以此名东，或其地本有东之专名，秦承之耳。此一区域必为周公屯兵向奄之所，按之卫邢胙封建之迹，及山川形势而信然。且此地后来又有东郡之号，则此为周初专名之东，实可成立之一说也。余又考之《逸周书·作雒解》，然后知周公所居之东为专名，更无疑义。《作雒解》曰："周公立，相天子，三叔及殷东徐奄及熊盈以略。周公召公，内弭父兄，外抚诸侯……凡所征熊盈族十有七国，俘维九邑。俘殷献民，迁于九毕。俾康叔宇于殷，俾中旄父宇于东。"此则东为国名，必袭殷商之旧。所谓东者，正指殷商都邑而言，犹邶伯之北，指殷商都邑而言也。大小之别，每分后先。罗马人名希腊本土曰哥里西，而名其西向之殖民地一大区域曰大哥里西（Magna Grecia）。名今法兰西西境曰不列颠，而名其渡海之大岛曰大不列颠（Magna Britannia）。则后来居上，人情之常。小东在先，大东在后，亦固其宜。据《鲁颂》之词，荒大东者周公之孙，地乃龟蒙，则周公戡定之东，当是小东，地则秦汉以来所谓东郡者也。兹更表以明之：

- 东
  - 泛名
    - 对“西土”言　雒邑称东，东国雒（《书》）
    - 对“中国”言
      - 齐称东　王命仲山甫城彼东方（《诗·大雅》）
      - 鲁称东　乃命鲁公俾侯于东（《诗·鲁颂》）
      - 夷称东　用鄫子于次睢之社欲以属东夷（《左传》僖十九年）等
  - 专名
    - 小东
      - 其称东者就地望言实对殷商都邑而称小东
      - 即周公所居以破奄者在秦汉为东郡
    - 大东——小东迤东太山南之区域或兼及太山之东

中华民国十九年二月　北平

（原载1930年5月《国立中央研究院历史语言研究所集刊》第二本第一分）

论所谓五等爵

一、五等称谓的淆乱

五等爵之说旧矣，《春秋》《孟子》《周官》皆为此说做扶持矣。然《孟子》所记史实无不颠倒。《周官》集于西汉末，而《春秋》之为如何书至今犹无定论。故此三书所陈五等爵之说，果足为西周之旧典否，诚未可遽断。吾尝反复思之，以为相传之五等爵说颇不能免于下列之矛盾焉。

一与《尚书》不合。《周书·康诰》："四方民大和会，侯甸男邦采卫，百工播民和，见士于周。"又《酒诰》："越在外服，侯甸男卫邦伯；越在内服，百僚庶尹。"《召诰》："周公乃朝用书命庶殷侯甸男邦伯。"《顾命》[①]："庶邦侯甸男卫。"郑玄以五服之称释此数词，而诂

① 马融后作康王之诰。

经者宗之，此不通之说也[①]。按五服说之最早见者，为《周语·上》，其文曰：“夫先王之制，邦内甸服、邦外侯服、侯卫宾服、蛮夷要服、戎狄荒服。甸服者祭，侯服者祀，宾服者享，要服者贡，荒服者王。”此言畿内者为甸，畿外者为侯，侯之附邑为宾，蛮夷犹可羁縻，戎狄则不必果来王也。盖曰王者，谓其应来王，而实即见其不必果来王矣。又战国人书之《禹贡》所载五服为甸侯绥要荒，固与《周语》同，绥服即宾服，而与《周书》中此数词绝非指一事者。若《康诰》《召诰》《顾命》所说，乃正与此不类。甸在侯下，男一词固不见于五服，而要服荒服反不与焉，明是二事。近洛阳出周公子明数器，其词有云：“唯十月，月吉，癸未，明公朝至于成周。𢓊命舍三事命，众卿事寮，众诸尹，众里君，众百工，众诸侯，侯田男，舍四方命。”持以拟之《尚书》《顾命》之“庶邦侯甸男卫”者，应作庶邦侯，侯田男，犹云诸侯，及诸侯封域中之诸男也。“侯甸男卫”者，“侯，侯田男，卫”，犹云诸侯，及诸侯封域中之诸男，及诸卫也。“侯甸男邦采卫”者，犹云诸侯，及诸侯封域中之诸男，及邦域之外而纳采之诸卫也。《韩诗外传》八：“所谓采者，不得有其土地人民，采取其租税尔。”此采之确解也。“侯甸男邦伯”者，犹云诸

① 或不始于郑君。

侯，及诸侯封域中之诸男，及诸邦之伯也。“侯甸男卫邦伯”者，诸侯，及诸侯封域中之诸男，及卫，及诸邦之伯也。持周公子明器刻辞此语以校《尚书》，则知侯下有重文，传经者遗之。此所云云，均称呼畿外受土者之综括列举辞。而甸乃侯甸，非《国语》所谓王甸之服，与五服故说不相涉也。古来诏令不必齐一其式，故邦伯或见或不见，而王臣及诸侯亦或先或后。然《尚书》此数语皆列举畿外受土者之辞，果五等爵制为周初旧典者，何不曰“诸公侯伯子男”乎？此则五等爵之说显与《尚书》矛盾矣。

二与《诗》不合。《诗》言侯者未必特尊，如“载驰载驱，归唁卫侯”。“齐侯之子，卫侯之妻”。而言伯者则每是负荷世业之大臣，如召伯、申伯、郇伯、凡伯。果伯一称在爵等之意义上不逮侯者，此又何说？

三与金文不合。自宋以来著录之金文刻辞无贯称“公侯伯子男”者。若周公子明诸器刻辞，固与《尚书》相印证，而与五等爵说绝不合。

四以常情推之亦不可通。上文一二三已证五等爵说既与可信之间接史料即《尚书》《诗》者不合，又与可信之直接史料即金文者不合矣，今更以其他记载考之，亦觉不可通。《顾命》：“乃同召大保奭，芮伯，彤伯，毕公，卫侯，毛公，师氏，虎臣，百尹，御事。”以卫侯、毕公、毛公之亲且尊，反列于芮伯、彤伯之下，果伯之爵小于公侯乎？一也。“曹叔振铎，文之昭也”，而反不得大封，列于侯之次乎？二也。郑伯、秦伯，周室东迁所依，勋在王室。当王室既微，乃反吝于名器，以次于侯之伯酬庸乎？三也。如此者正不可胜数。

顾栋高《春秋大事表五·列国爵姓表》所记爵姓，非专据经文，乃并据《左传》及杜预《集解》，且旁及他书者。经文与《左传》固非一事，姑无论《左传》来源之问题如何，其非释经之书，在今日之不守师说者中已为定论。而杜氏生于魏晋之世，其所凭依今不可得而校订。故顾栋高此表颇为混乱之结果。然若重为编订，分别经文、左氏、杜氏三者，则非将此三书做一完全之地名、人名索引不可，此非二三月中所能了事。故今仍录原文于下，兼附数十处校记。若其标爵之失，称始封之误，姑不校也。

国	爵	姓	始封	今补记
鲁	侯	姬	周公子伯禽	彝器中称鲁侯
蔡	侯	姬	文王子叔度	彝器中称蔡侯
曹	伯	姬	文王子叔振铎	彝器中有曓侯，张之洞释为曹
卫	侯	姬	文王子康叔封	彝器中有康侯封鼎

滕	侯 后书子	姬	文王子叔绣	彝器中有滕侯敦
晋	侯	姬	武王子叔虞	彝器中有晋公盦
郑	伯	姬	厉王子友	
吴	子 按《国语》本伯爵	姬	太王子太伯	彝器中称工吴王
北燕	伯《史记》作侯	姬	召公奭	彝器中称郾侯、郾公、郾王
齐	侯	姜	太公尚父	彝器中称齐侯
秦	伯	嬴	伯益后非子	彝器中有秦公敦
楚	子	芈	颛顼后熊绎	彝器中称公称王
宋	公	子	殷后微子启	彝器中有宋公誙钟，或称商
杞	侯 后书伯或书子 按《正义》本公爵	姒	禹后东楼公	彝器中称杞伯
陈	侯	妫	舜后胡公	彝器中有“陈侯”者皆齐器，与此无涉
薛	侯 后书伯	任	黄帝后奚仲	彝器中称辪侯
邾	子 本附庸进爵	曹	颛顼苗裔挟	彝器中称邾公
莒	子	己	兹舆期	彝器中称䣓侯
小邾	子 本附庸进爵	曹	邾公子友	
许	男	姜	伯夷后文叔	彝器中称鄦子
宿	男	风	太皞后	
祭	伯	姬	周公子	彝器中有祭中鼎
申	侯	姜	伯夷后	彝器中称申伯
东虢		姬	文王弟虢仲	
共	伯			
纪	侯	姜		彝器中称己侯
夷		妘		

西虢	公	姬	文王弟虢叔	彝器中有虢季子白盘等
向		姜		
极	附庸	姬		
邢	侯	姬	周公子	彝器中称井伯、井侯
郕	伯	姬	文王子叔武	
南燕	伯	姞	黄帝后	
凡	伯	姬	周公子	
戴		子		
息	侯	姬		
郜	子	姬	文王子	
芮	伯	姬		彝器中称芮公、芮伯
魏		姬		
州	公	姜		
随	侯	姬		
穀	伯	嬴		
邓	侯	曼		彝器有邓公敦
黄		嬴		
巴	子	姬		
鄾	子			
梁	伯	嬴		彝器有梁伯戈
荀（或云即郇国）	侯	姬		
贾	伯	姬		
虞	公	姬	仲雍后虞仲	
贰				
轸				
郧（即邳国）	子			
绞				
州				
蓼				
罗	熊			
赖	子			

牟	附庸			
葛	伯	嬴		
於余邱				
谭	子	子		
萧	附庸	子	萧叔大心	
遂		妫		
滑	伯	姬		
原	伯	姬	文王子	
权		子		
郭				
徐	子	嬴	伯益后	彝器中概称郐王
樊	侯		仲山甫	彝器中有樊君鬲；此为畿内之邑，晋文公定戎难时，王以赐晋，其称君不称侯正与金文之例合也
鄣	附庸	姜		
耿		姬		
霍	侯	姬	文王子叔处	
阳	侯	姬		
江		嬴		
冀				
舒	子	偃		
弦	子	隗		
道				
柏				
温	子	己	司寇苏公	
鄫	子	姒	禹后	彝器中有曾伯簠
厉		姜	厉山氏后	
英氏		偃	皋陶后	
项				
密		姬		
任		风	太皞后	
须句	子	风	太皞后	

颛臾	附庸	风	太皞后	
顿	子	姬		
管		姬	文王子叔鲜	
毛	伯	姬	文王子叔郑	彝器中称毛公
聃		姬	文王子季载	
雍		姬	文王子	
毕		姬	文王子	
酆	侯	姬	文王子	
郇	侯	姬	文王子	彝器中有旬伯簋
邘		姬	武王子	
应	侯	姬	武王子	彝器中有应公敦
韩	侯	姬	武王子	
蒋		姬	周公子	
茅		姬	周公子	
胙		姬	周公子	
鄀				彝器中皆称鄀公，又有鄀公平侯敦
夔	子	芈	熊挚	
桧		妘	祝融后	
沈	子	姬		
六		偃	皋陶后	
蓼		偃	皋陶后	
偪		姞		
麇	子			
巢	伯见《尚书》序			
宗	子			
舒蓼		偃	皋陶后	
庸				
崇				
郯	子	己	少昊后	
莱	子	姜		
越	子	姒	夏后少康子	
刘	子	姬	匡王子	

唐	侯	祁	尧后	
黎	侯			
邨	附庸			
州来				
吕	侯	姜		彝器中有称吕王者
檀	伯			
钟离	子			
舒庸		偃		
偪阳	子	妘		
邿				
铸		祁	尧后	
杜	伯	祁	尧后	
舒鸠	子	偃		
胡	子	归		
焦		姬		
杨	侯	姬		彝器中有阳白鼎
邶				彝器中称邶伯邶子
庸				
沈		金天氏	苗裔台骀之后	
姒		同上		
蓐		同上		
黄		同上		
不羹				
房				
鄅	子	妘		
钟吾	子			
桐		偃		
戎				
北戎				
卢戎	子		南蛮	
大戎		姬	唐叔后	

小戎		允	四岳后	
骊戎	男	姬		
山戎			即北戎	
狄			有白狄、赤狄二种	
犬戎			西戎之别在中国者	
东山皋落氏			赤狄别种	
扬拒泉皋伊雒之戎				
淮夷				
陆浑之戎又名阴戎	子	允	即小戎之徙于中国者	
廧咎如		隗	赤狄别种	
介			东夷国	
姜戎	子	姜	四岳后陆浑之别部	
白狄				
鄋瞒		漆	防风氏后	
群蛮				
百濮			西南夷	
赤狄				
根牟			东夷国	
潞氏	子		赤狄别种	彝器中有貉子卣，不知即是潞否
甲氏			同上	
留吁			同上	
铎辰			同上	
茅戎			戎别种	
戎蛮即蛮氏	子		戎别种	
无终	子		山戎种	
肃慎			东北夷	
亳			西夷《史记索隐》盖成汤之胤	
鲜虞一名中山		姬	白狄别种	

肥	子		同上
鼓	子	祁	同上
有莘			夏商时国
有穷			夏时国（下同）
寒			
有鬲		偃	
斟灌		姒	
斟鄩		姒	
过			
戈			
豕韦		彭	夏商时国
观		姒	夏时国
扈		姒	同上
姺			商时国（下同）
邳			
奄		嬴	
仍			夏时国（下同）
有缗			
骀			
岐			
蒲姑			商时国
逢		姜	同上
昆吾		己	夏时国
密须		姞	商时国
阙巩			古国
甲父			同上
飂			同上
鬷夷		董	虞夏时国
封父			古国
有虞		姚	夏商时国

补记诸节，大致据余永梁先生之《金文地名表》。但举以为例，以见杜说与金文之相差而已，不获一一考其详也。以下又录金文所有顾表所无者若干事。

国名	姓	称号（自称者）	
召	姬	伯	彝器有召伯虎敦
散	姬	伯	彝器有散伯敦
夨		王	彝器有夨王鼎、夨王尊，散盘中亦称之为夨王
辅		伯	彝器有辅伯鼎
苏		公	彝器有苏公敦
相		侯	彝器有相侯鼎
龙		伯	彝器中有龙伯戈
铸		公，子	彝器中有铸公簠、铸子钟
邿		伯	彝器中有邿伯鼎
钟		伯	彝器中有钟伯鼎

据上列顾表，以公为称者五，宋、西虢、州、虞、刘，而刘标子爵。此则据杜氏之非。经文固明明言刘公，其后乃言刘子，此畿内之公，其称公乃当然也。今共得称公者五，而其三为畿内之君，虞虢刘皆王室卿士也。其一之州公最冗兀，《公羊传》桓五年（前707年）："冬，州公如曹。外相如不书，此何以书？过我也。""六年春正月，寔来。寔来者何？犹曰是人来也。孰谓？谓州公也。曷为谓之寔来？慢之也。曷为慢之？化我也。"此真断烂朝报中之尤断烂处。《春秋》全经中，外相如不书，意者此文盖"公如曹""公至自曹"之误乎？无论此设想是否可据，而州之称公无先无后，固只能存疑，不能据以为例。然则春秋称公者，王室世卿之外，其唯宋公乎？此甚可注意者也。又姬姓在此表中除爵号不详者外，列

于侯者十六，为最多数；列于伯者十二，曹、郑、祭、北、燕、郕、芮、凡、贾、滑、原、毛；列于子者，除刘子前文中已订正外，尚有吴、巴、郜、顿、沈；列于男者一，骊戎；列于附庸者一，极。子男之姬姓者，非越在蛮夷，如吴如巴，即陈蔡间之小国；若郜则仅以其大鼎见于经文，春秋前已灭；骊则本是戎狄之类。此数国受封之原，除吴、郜外皆不可详。如顿、沈之是否姬姓，经文《左传》亦无说也。姬姓何以非侯即伯，号子者如此甚少？此又可注意者也。表中以子为号而从杜氏标姓为姬者，已如上所举，若其他号子者，则：

子姓有　　谭；

姜姓有　　莱、姜戎；

曹姓有　　邾、小邾；

己姓有　　莒、温、郯；

嬴姓有　　徐；

姒姓有　　鄫、越；

芈姓有　　楚、夔；

隗姓有　　弦；

偃姓有　　舒、鸠舒；

妘姓有　　偪阳、鄅；

归姓有　　胡；

风姓有　　须句；

祁姓有　　鼓；

允姓有　　陆浑之戎。

姓无可考者有：鄾、郧、赖、麇、宗、潞、戎蛮、无终、肥、钟离、钟吾、卢戎。

再以地域论之，则在南蛮东夷者廿七，吴、楚、巴、鄾、郧、赖、舒、弦、顿、夔、宗、越、钟离、舒、鸠、卢戎（以上偏南），邾、莒、小邾、徐、鄫、须句、郯、莱、胡、鄅、钟吾（以上偏东）；在戎狄者七，姜戎、陆浑之戎、潞、戎蛮、无终、肥、鼓。至于谭、温、顿、沈、麇、偪阳各邑中，则温在王畿之内，谭人春秋灭于齐，顿沈之封不详，偪阳则妘姓之遗，亦楚之同族也（见《郑语》）。约而言之，以子为号者，非蛮夷戎狄，即奉前代某姓之祀者，质言之，即彼一姓之孑遗。其中大多数与周之宗盟不相涉。彼等有自称王者，如徐、楚、吴、越，春秋加以子号，既非其所以自称，恐亦非周室所得而封耳。

男之见于前表者，仅有三，许、宿、骊戎。准以周公子明器中“侯田男”一语，男实侯之附庸。戎骊之称男不见于《春秋》经，宿亦然。准以《鲁颂》“居常与许，复周公之宇”及隐十一年（前712年）《左传》“秋七月，公会齐侯、郑伯伐许……壬午遂入许……齐侯以许让公”之文，则许在始乃鲁之附庸，故入其国先以让鲁，鲁思往事之强大，而欲居常与许也。意者许在初年，曾划入鲁邦域之内，其后自大，鲁不过但欲守其稷田耳。及郑大，并此亦失之矣。今彝器有许子簠、许子钟，而无称许男者（鲁邦域所及，余另有文论之）。可知彼正不以“侯田男”自居也。

如上所分析，则五等称谓之分配颇现淆乱，其解多不可得。今先就字义论之；果得其谊，再谈制度。

二、公侯伯子男释字

公，君也。《尔雅》：“公，君也。”释名同。《左传》所记，邦君相称曰君，自称曰寡君，而群下则称之曰公。是公君之称，敬礼有小别，名实无二致也。

君，兄也。《诗·鄘风·鹑之奔奔》云：

鹑之奔奔，鹊之强强。人之无良，我以为兄。

鹊之强强，鹑之奔奔。人之无良，我以为君。

国风之成章，每有颠倒其词，取其一声之变，而字义无殊者。此处以君兄相易，其义固已迫近，而考其音声，接近尤多。《广韵》：君，上平二十文，举云切；兄，下平十二庚，许荣切。再以况、贶诸字从兄声例之。况、贶均在去声四十一漾，许访切，似声韵均与兄界然。然今北方多处读音，况、贶诸字每读为溪纽或见纽，而哥字之音则见纽也（唐韵，哥，古俄切）。《诗》以强、兄为韵，则兄在古郳音中，必与强同其韵部。此在今日虽不过是一种假设，然可借之联络处正多，今试详之。

公、兄、君、尹、昆、翁、官、哥，皆似一名之分化者，今先列其反切韵部如下，再以图表之：

公	上平	东部	古红切	见纽
兄	下平	庚部	许荣切	晓纽
君	上平	文部	举云切	见纽
尹	上平	准部	余准切	喻纽
昆	上平	魂部	古浑切	见纽
翁	上平	东部	乌红切	影纽
官	上平	桓部	古丸切	见纽
哥	唐韵		古俄切	见纽

兹将上列各纽部表以明之：

发音 收音	浅喉 ng	舌头 n	元音
浅喉破裂 k，g	公 兄（古读）	昆 君　官	哥
浅喉摩擦 h，x	兄（今读）		
深喉及元音	翁	尹	

公、君、兄，已如上所述，至其余诸字之故训，分记如下：

尹　《广雅·释诂》："尹，官也。"王氏《疏证》曰："《尔雅》：'尹，正也。'郭璞注云：'谓官正也。'《周颂·臣工传》云：'工，官也。'《洪范》云：'师尹惟日。'《皋陶谟》云：'庶尹允谐。'《尧典》云：'允厘百工。'"又，尹犹君也。《左传》隐三年（前720年）经文，"君氏卒"，《公羊》《穀梁》作尹氏卒。《左传》昭二年（前540年），"棠君"，《释文》云，君本作尹。然金文中文之加口虽有时可有可略，而君尹之称实有别异。如周公子明诸器，"还诸尹，还里君"，盖尹司职，君司土，果原为一字，彼时在施用上已分化矣。

昆　《诗》《左传》《论语》中，用昆为兄之例甚多。《尔雅·释亲》，亦晜（昆）、兄错用。

翁　《广雅·释亲》："翁，父也。"《疏证》："《史记·项羽纪》云：'吾翁即若翁。'"此以翁为父。《方言》："凡尊老，周晋秦陇谓之公，或谓之翁。"此以翁为泛称老者。又，汉世公主称翁主，则汉世言翁，实即公矣。翁字虽有此多义，然尹翁归字子兄，此翁与兄同谊之确证也。翁与兄同谊，并不害其可用于称父。人每谓父兄为老，而父兄在家亦有其同地位。父没，兄之权犹父也。自老孳乳之殊字，可以分称父兄，初无奇异。如姐，《广雅》以为母也，今则南北人以称其姊。

官　《周礼》牛人，掌养国之公牛，巾车，掌公车之政令，注并云："公犹官也。"

哥　后起字。然今俗语含古音甚多，而古字之读音，或反不如。例如爸之声固近于父之古读，而父之今读反远于父之古读。

循上列诸义，试为其关系之图。此虽只可作为假设，然提醒处颇多，充而实之，俟异日焉。

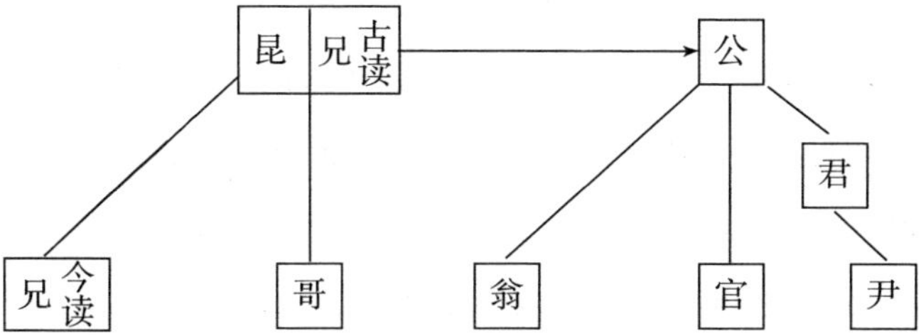

公一名在有土者之称谓中，无泛于此者。王室之元老称公，召公、毛公等是。王室之卿士邑君称公，刘子、尹子是。若宋则于公之外并无他号。伯亦得称公。《吴语》：

> 董褐复命曰……“夫命圭有命，固曰吴伯，不曰吴王，诸侯是以敢辞。夫诸侯无二君，而周无二王。君若无卑天子，以干其不祥，而曰吴公，孤敢不顺从君命长弟！许诺。”吴王许诺，乃退就幕而会。吴公先歃，晋侯亚之。

是伯之称公可布于盟书也。侯在其国皆称公，不特《左传》可以为证，《诗》《书》皆然。《书·费誓》：“公曰，嗟！”《秦誓》：“公曰，嗟！”子男亦称公。《春秋》于许男之葬固书公，不书男。至于由其孳生之词，如公子，小闻更有侯子、伯子。然则公者，一切有土者之泛称，并非班爵之号。

宋之称公，缘其为先朝之旧，并非周所封建之侯，而亦不得称王耳。虞、虢之称公，缘其为王甸中大宗。侯伯子男皆可于其国称公，或为邻国人称之曰公，非僭也。果其为僭者，何缘自西周之初即如此耶？以公称为僭者，宋人说经之陋，曾不顾及《春秋》本文也。

宋之不在诸侯列，可以金文证之。吴大澂释周寇鼎文云："口厥师眉见王，为周客。锡贝五朋，用为宝器；鼎二，敼二。其用享于乃帝考。"吴云："周王之客，殷帝之子，其为微子所作无疑也。"彼为周客则不得为周侯，周不容有二王，则彼不得为宋王，只得以泛称之公为称，最近情理者也。《春秋》之序，王卿霸者之后，宋公独先，亦当以其实非任诸侯之列，不当以其称公也。

侯者，射侯之义，殷周之言侯，犹汉之言持节也。《仪礼·大射仪》："司马命量人量侯道。"郑注："所射正谓之侯者，天子中之则能服诸侯，诸侯以下中之则得为诸侯。"此当与侯之初义为近。《周书·职方》："其外方五百里，为侯服。"注："孔曰：侯，为王斥侯也。"此当引申之义。侯之称见于殷墟卜辞。民国十七年董彦堂先生所获有"命周侯"之语，而前人所见有侯虎等词，是知侯之一称旧矣，其非周之创作无疑。至于何缘以射侯之称加于守土建藩之士，则亦有说。射者，商周时代最重之事，亦即最重之礼。《左传》晋文公受九锡为侯伯时，辂服之次，彤弓、彤矢为先。《诗三百》中，王者之锡，亦只彤弓之赐独成一篇。又《齐风·猗嗟》，齐人美其甥鲁庄公也，除美其容止以外，大体皆称其射仪。其词曰：

猗嗟昌兮，颀而长兮，抑若扬兮，美目扬兮，巧趋跄兮，射则臧兮。

猗嗟名兮，美目清兮，仪既成兮，终日射侯，不出正兮，展我甥兮。

猗嗟娈兮，清扬婉兮，舞则选兮，射则贯兮，四矢反兮，以御乱兮。

是知赳赳武夫者，公侯之干城；射则贯者，王者之干城也。侯非王畿以内之称，因王畿以内自有王师，无所用其为王者斥侯也。而亦非一切畿外有土者之通称，因有土者不必皆得受命建侯。必建藩于王畿之外，而为王者有守土御乱之义，然后称侯。内之与王田内之有土称公者不同，外之与侯卫宾服者亦异。后世持节佩符者，其义实与侯无二。

伯者，长也。此《说文》说，而疏家用之，寻以经传及金文记此称谓诸处之义，此说不误也。伯即一宗诸子之首，在彼时制度之下，一家之长，即为一国之长，故一国之长曰伯，不论其在王甸在诸侯也。在王甸之称伯者，如召伯虎，王之元老也；如毛伯，王之叔父也；芮伯，王之卿士也。在诸侯之称伯者，如曹伯、郕伯，此王之同姓也；如秦伯、杞伯，此王之异姓也。至于伯之异于侯者，可由侯之称不及于畿内，伯之称遍及于中外观之。由此可知，伯为泛名，侯为专号，伯为建宗有国者之通称，侯为封藩守疆者之殊爵也。若子，则除蛮夷称子外，当为邦伯之庶国（论详下节）。果此设定不误，是真同于日耳曼制Graf，landgraf，Markgraf之别矣。Graf者，有土者一宗中之庶昆弟，当子；landgraf者，有土者一宗中之长，当伯；Markgraf者，有土者斥侯于边疆，得以建节专征者也。

传说（即《春秋》《左传》《杜解》等，以顾表为代表）之称伯者，与金文中所见之称侯伯者，颇有参差，看前表即知之。金文称伯者特多，传说则侯多。已出金文之全部统计尚未知，而金文既非尽出，其中时代又非尽知，且金文非可尽代表当世，故如持今日金文之知识以正顾表，诚哉其不足。然亦有数事可得而论次者：一则王室卿士公伯互称，此可知伯之非所谓爵也；二则齐鲁侯国绝不称伯，此可知侯之为号，固有殊异之荣；三则公固侯伯之泛称也。又一趋向可由顾表推知者，即称侯之国，其可考者几无不是周初宗胤，后来封建，若郑若秦，虽大，不得为侯。意者侯之为封本袭殷商，周初开辟土宇，犹有此戎武之号。逮于晚业，拓土无可言，遂不用乎？周威烈王二十三年（前403年），命晋大夫魏斯、赵籍、韩虔为诸侯，后又以侯命田氏。此均战国初事，当时小国尽灭，列国皆侯称，威烈王但抄古礼而已，非当时之制矣。

侯伯之伯，论作用则为伯之引申，论文义反是伯之本义。犹云诸侯之长，与上文所叙宗法意义下之伯，在字义上全同，即皆就长而言，在指谓上全不同，即一为家长（即国长），一为众侯之长耳。

子者，儿也。下列金文甲文异形，观其形，知其义。今作子者借字也。

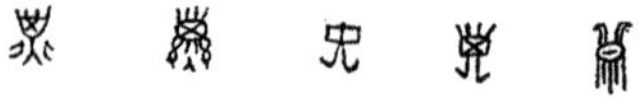

以子称有土者，已见于殷，微子箕子是。子者，王之子，故子之本义虽卑，而箕子微子之称子者，因其为王子，则甚崇。至于周世，刚以子称有土者，约有数类。最显见者为诸邦之庶子。邦之长子曰伯，然一邦之内，可封数邦，一邦之外，可封某邦之庶子，仍其本国之称。然则此之谓子，正对伯而言。吴之本国在河东王甸之中，故越在东南者为子。鄫之本国何在，今不可考知，然能于宗周时与申同以兵力加于周室，其不越在东夷可知，而越在东夷者为子。然则子之此义，正仲叔季之通称，与公子之义本无区别，仅事实上有土无土之差耳。诸侯之卿士称子，亦缘在初诸为侯卿士者，正是诸侯之子。又王甸中之小君，无宗子称伯者可征，或亦称子，如刘子尹子。

若然，则子之为称，亦王甸中众君之号，其称伯者，乃特得立长宗者耳。

至于蛮夷之有土者，则亦为人称子，自称王公侯伯。宗周钟："王肇遹省文逑，堇疆土。南国服子敢臽虐我土。"是金文中之证。若《春秋》，则以子称一切蛮夷，尤为显然。此类子称，有若干即非被称者之自认，又非王室班爵之号。此可证明者，例如荆楚，彼自称王，诸侯与之订盟，无论其次序先后如何，准以散盘天氏称王之例，及楚之实力，其必不贬号无疑也。然《春秋》记盟，犹书曰楚子。《国语·吴语》："夫命圭有命，固曰吴伯，不曰吴王，诸侯是以敢辞。夫诸侯无二君，而周无二王。君若无卑天子，以干其不祥，而曰吴公，孤敢不顺从君命长弟！许诺。吴王许诺，乃退就幕而会。吴公先歃，晋侯亚之。"《春秋》书曰"吴子"，既与吴之自号不同，又与命圭有异也；是以蛮夷待吴也。至命圭有命，固曰吴伯者，意者吴之本宗在河东者已亡，句吴遂得承宗为伯乎？今又以金文较《春秋》，则莒自称为侯，而《春秋》子之，邾自泛称公，而《春秋》子之，楚自称为王、为公，而《春秋》子之。虽金文亦有自称子者，如许，然真在蛮夷者，并不自居于子也。然则蛮夷称子，实以贱之，谓其不得比于长宗耳。子伯之称既无间于王甸及畿外，其初义非爵，而为家族中之亲属关系，无疑矣！

就子一称之演变观之，颇有可供人发噱者。子本卑称，而王子冠以地名，则尊，微子箕子是也。不冠地名，则称王子，如王子比干。此之为子，非可尽人得而子之。称于王室一家之内者，转之于外，颇有不恭之嫌。满洲多尔衮当福临可汗初年摄政时，通于福临之母，臣下奏章称曰叔父摄政王，此犹满人未习汉俗之严分内外。果有汉臣奏请，叔父者，皇之叔父，非可尽人得而叔父之；遂冠皇于叔父之上。此正如王子公子之造辞也。子一名在周初如何用，颇不了然，《周书》历举有土之君，子号不见。春秋之初，诸侯之卿。王室之卿，均称子，已见于典籍矣。前一格如齐之高国、晋之诸卿、鲁之三桓，后一格如刘子。至孔子时，士亦称子，孔子即其例也。战国之世，一切术士皆称子，子之称滥极矣。汉世崇经术，子之称转贵，汉武诏书“子丈夫”，是也。其后历南北朝隋唐，子为严称。至宋则方巾之士，自号号人，皆曰子，而流俗固不以子为尊号。今如古其语言，呼人以子，强者必怒于言，弱者必怒于色矣。又“先生”一称，其运命颇可与子比拟。《论语》：“有酒食，先生馔，有事弟子服其劳。”此先生谓父兄也。至汉而传经传术者犹传家，皆先生其所自出，此非谓父兄也。今先生犹为通称，而俚俗亦每将此词用于颇不佳之职业。又“爷”

之一词亦然。《木兰辞》“阿爷无大儿，木兰无长兄”，又云“不闻爷娘唤女声”，爷者，父也。今北方俗呼祖曰爷，外祖曰姥爷，犹近此义。明称阁部为老爷，以尊其亲者尊之也。历清代遽降，至清末则虽以知县县丞之微，不愿人称之为老爷而求人称之为大老爷。此三词者，“子”“先生”“爷”，皆始于家族，流为官称，忽焉抬举甚高，中经降落，其末流乃沉沦为不尊之称焉。

男者，附庸之号，有周公子明诸器所谓“诸侯，侯田男”者为之确证。按以《周书》所称“庶邦侯田男卫”诸词，此解可为定论。男既甚卑，则称男者应多，然《春秋》只书许男，而许又自称子（许子钟、许子簠）。此由许本鲁之附庸，鲁之势力东移，渐失其西方之纲纪，许缘以坐大，而不甘于附庸之列。鲁虽只希望“居常与许”，终不能忘情，《春秋》遂一仍许男之称焉。鲁许之关系，别详拙著《大东小东说》，此不具论。

三、既非五等，更无五等爵制

以上之分析与疏通，义虽不尽新，而系统言之，今为初步。其中罅漏甚多，唯下列结语颇可得而论定焉。

1. 公伯子男，皆一家之内所称名号，初义并非官爵，亦非班列。侯则武士之义，此两类皆宗法封建制度下之当然结果。盖封建宗法下之政治组织，制则家族，政则戎事，官属犹且世及，何况邦君？如其成盟，非宗盟而何？周室与诸国之关系，非同族则姻戚，非姻戚则“夷狄”。盖家族伦理即政治伦理，家族称谓即政治称谓。自战国来，国家去宗法而就军国，其时方术之士，遂忘其古者之不如是，于是班爵禄之异说起焉。实则“五等爵”者，本非一事，既未可以言等，更未可以言班爵也。

2. 五名之称，缘自殷商，不可以言周制。今于卜辞中侯伯具见，其义已显，上文叙之已详。若公则载于《殷墟书契前编》卷二第三页者凡二，子、男二字亦均见，特文句残缺，无从得知其确义耳。

3. 《春秋》虽断烂，其源实出鲁国，故其称谓一遵鲁国之习惯，与当时盟会之实辞，周室命圭之所命，各有不同。与其谓《春秋》有褒贬之义，毋宁谓其遵鲁国之习耳。

4. 男之对侯，子之对伯，一则有隶属之义，一则有庶长之别。其有等差，固可晓然。若伯之于侯，侯之于公，实不可徒以为一系统中之差别。

殷周（指西周，下文同）之世，在统治者阶级中，家即是国，国即是家。家指人之众，国指土之疆。有人斯有土，实一事耳。然世入春秋，宗法大乱。春秋初年，可称为列国群公子相杀时代，其结果或则大宗之权，落于庶支，例如宋鲁；或则异姓大夫，得而秉政，例如齐晋。晋为军国社会最先成立之国家，其原因乃由于献公前后之尽诛公族。桓庄之族死于先，献惠之子杀于后，故自重耳秉政，执政者尽为异姓之卿。在此情景之下，家国之别，遂判然焉。孟子以为国之本在家者，仍以春秋时代宗法之义言之也。自家国判然为二事，然后一切官私之观念生。战国初年，乃中国社会自“家国”入“官国”之时期，顾亭林所谓一大变者也。前此家国非二事也。《诗》曰：“雨我公田，遂及我私。”此谓国君之公，非后世所谓公家之公。战国人狃于当时官国之见，以为古者之班爵整严，殊不知古时家、部落、国家，三者不分者，不能有此也；狃于当时家国之分，殊不知殷周本无是也；狃于当时君臣之义，殊不知古之所谓臣，即奴隶及其他不自由人。金文中时有锡臣若干人之说，《论语》：“子疾病，子路使门人为臣……子曰，无臣而为有臣，将谁欺？欺天乎？且予死于臣之手也，毋宁死于二三子之手乎？”皆可为证。至春秋而王公之臣几与君子同列（君子初谊本如公子）。至战国而君臣之间义不合则去。此类家国之异、公私之分，皆殷周所不能有也。战国所谓君臣之义，有时即正如殷周时家长与其一家之众之义耳。吾辨五等爵之本由后人拼凑而成，古无此整齐之制，所识虽小，然可借为殷周“家国制”之证，于识当时文化程度，不无可以参考者焉。

中华民国十九年一月写于北平

按，此文主旨，大体想就于六七年前旅居柏林时，后曾以大意匆匆写投顾颉刚先生，为顾先生登于《国立中山大学语言历史学研究所周刊》第十四期。今思之较周，节目自异，然立论所归仍与前同。附记于此，以标同异。

校稿时补记——盂鼎，“隹殷边侯，田（甸）雩（越）殷正百辟，率[illegible]于酒，古（故）丧𠂤（师）”。曰“边侯”，则其为斥侯之意至显，而“边侯”之称尤与 Markgraf 合。

（原载1930年5月《国立中央研究院历史语言研究所集刊》第二本第一分）

《新获卜辞写本后记》跋

民国十八年（1929年）一月间，董彦堂先生以他手写上石的《新获卜辞写本后记》寄来广州本所。所中同人看了大高兴，以为彦堂这次发掘虽然依旧是继续十七年（1928年）夏之调查，不居于发掘的本身，然而若干考古学的基本问题，已在这试验的发掘中列出。例如，河道与殷墟的问题，甲骨之地下情形由于冲势，商代历法之设想，卜辞工具之举例，一个字体之“发生式”的演化等，虽说都只是提出来的问题，不是答案，然在这样试验的发掘中正只重在取得问题，持此等之试验以做结论，转是荒唐。殷代刻文虽在国维君手中有那么大的成绩，而对待殷墟之整个，这还算是第一次。于是在广州的几位本所同人，要有所贡献于彦堂。我也感于他的新获卜辞第三五八“伐”及第二七七“令周侯”之两块，引起许多感想，写给彦堂一封信，要为这后记写一跋语；而本所北迁，终未得写。中间中央研究院聘李济之先生为本所考古组主任，于十八年（1929年）春将殷墟开始为系统的发掘，于是在中国境内近代的考古学，借这工作在本所中由李、董两先生创业。两季工作之结果，已经引起国际学术界的注意，到现在已全不用我来颂赞。唯旧时感于彦堂之后记而想到的两个问题，在心中续有所增展。李、董两位迫我如约写下，于是不得不有下列两段扯二连三的跋。

一　楚之先世

新获卜辞第三五八“戊戌卜又伐”。彦堂说：

> 芈作，当为殷时国名。《史记·楚世家》：“陆终生子六人……其长一曰昆吾，二曰参胡，三曰彭祖，四曰会人，五曰曹姓，六曰季连。芈姓，楚其后也。”又称“昆吾氏，夏时尝为侯伯”，“彭祖氏，殷之时尝为侯伯”，“季连生附沮，附沮生穴熊。其后中微，或在中国，或在蛮夷，弗能纪其世”。按：昆吾，彭祖之后，尝为夏殷之侯伯，则芈之为姓，当在夏世之前，殷代有芈姓之国，固无足异。

惟史传失载，莫可考证耳。

按，此一残片，一经彦堂释定，它是芈字，则古史中若干材料凭借它点活者不少。大凡新获的直接记载，每不能很多的，而遗传的记载，虽杂乱无章，数量却不少。每每旧的材料本是死的，而一加直接所得可信材料之若干点，则登时变成活的。即如《史记·殷本纪》的世系本是死的，乃至《山海经》的王亥，《天问》的恒和季，不特是死的，并且如鬼，如无殷墟文字之出土和海宁王君之发明，则敢去用这些材料的，是没有清楚头脑的人。然而一经安阳之出土，王君之考释，则《史记》《山海经》《天问》及其联类的此一般材料，登时变活了。又如现在古玩铺的及外国博物院的中国真东西，不为不多，此时还是死的，一经科学的发掘，便可因几点确定了之后而变成活的。彦堂这个发见，正是这么一个点活的一点。

记得民国十三年（1925年）间，我正在柏林住着，见到顾颉刚先生在《努力》上的疑夏禹诸文，发生许多胡思乱想。曾和陈寅恪先生每一礼拜谈论几回，后来也曾略写下些来，回国途上只抄了一半给颉刚。经过两年，颉刚不得我同意，把他在《国立中山大学语言历史学研究所周刊》第二集第十四期（1928年1月31日）印出，其中有一段说：

荆楚一带，本另是些民族。荆或者自商以来即是大国，亦或者始受殷封号，后遂自立。楚国话与齐国话必不止方言之不同，不然，何至三年庄岳，然后可知？孟子骂他们鴃舌，必然很和北方的中国话不类。按楚国话存在到现在者，只有谓乳，“穀”，谓虎，“於菟”二词。乳是动词易变动，而虎是静名，尚可资用。查吐蕃（即今西藏）语，谓虎为吐stag，吐蕃语字前之s每在同族语中为元音，是此字容有印度、日耳曼语系的线索，但一字决不能为证耳。又汉西南夷君长称“精夫”，疑即吐蕃语所谓Rgyal-po者。《后汉书·西南夷传》有几首四字诗，汉夷对记，假如有人能精于吐蕃语、太语、缅甸语，当有所发现，这个材料最可宝贵。楚之西有百濮，今西藏人自称曰“濮”。又蛮闽等字音在藏文为人，或即汉语民字之对待。总之，文献不足，无以征之。

现在想来，楚之前因后果，还有好些可征的。大致可说：楚之先世实在是一个大民族，曾据河水与淮水流域好些地方，北至当今山西中部，至少也到河东；西至当今四川、湖北、陕西三省之间，即汉水中流之西南方；东括济水上游、淮水上下游，直到海边，都有这个大民族的遗迹。历经夏商四代，都曾翦伐他们，结果是不在蛮夷，便在中国为附属小国。到了西周之末，其远在西南的一支以荆楚为号者曾经强大了一次。然而被厉王和召虎打得他又回去，到底不能吞并了中国的"南国"。直至宗周灭亡他然后大得其意，一步一步地翦伐"南国"而北上，若非齐桓晋文，他当继周而为四代了。

解明这些话，且分别去说。《郑语》：

> （桓）公曰：南方不可乎？（史伯）对曰：夫荆子熊严生子四人，伯霜、中雪、叔熊、季纠。叔熊逃难于濮，而蛮季纠是立。薳氏将起之，祸又不克。是天启之心也，又甚聪明和协，盖其先王。巨闻之天之所启，十世不替。夫其子孙必光启土，不可偪也。且重黎之后也。夫黎为高辛氏火正，以淳耀惇大，天明地德，光昭四海，故命之曰祝融，其功大矣。夫成天地之大功者，其子孙未尝不章，虞夏商周是也。虞幕，能听协风以成乐物生者也；夏禹，能单平水土，以品处庶类者也；商契，能和合五教以保于百姓者也；周弃，能播殖百谷蔬，以衣食民人者也。其后

皆为王公侯伯。祝融亦能昭显天地之光明，以生柔嘉材者也。其后八姓于周未有侯伯。佐制物于前代者，昆吾为夏伯矣，大彭、豕韦为商伯矣，当周未有。己姓昆吾、苏、顾、温、董。董姓鬷夷、豢龙，则夏灭之矣。彭姓彭祖、豕韦、诸稽，则商灭之矣。秃姓舟人，则周灭之矣。妘姓邬、鄫、路、偪阳。曹姓邹、莒，皆为采卫，或在王室，或在夷翟，莫之数也。而又姓无令闻，必不兴矣。斟姓无后。融之兴者，其在芈乎？芈姓夔越，不足命也。蛮芈，蛮矣。唯荆实有昭德。若周衰，其必兴矣。

照这话，则祝融八姓的范围实在大得很。且还不只此，《晋语》八（范）宣子曰："昔匄之祖自虞以上为陶唐氏，在夏为御龙氏，在商为豕韦氏，在周为唐杜氏，周卑晋继之为范氏。"然则陶唐氏者，也是祝融诸姓之一支。今就上列两端合以顾栋高《春秋大事表》、秦嘉谟《世本辑补》所辑，参校原书，增删以成祝融诸姓表，如下：

国	姓	时代	地望	附记	校订
昆吾	己	在夏末为伯，见《郑语》。	依顾说，今河南许昌；又今河北濮阳东二十五里有昆吾城。《正义》曰：“昆吾居此二处，未知谁为先后。”	《诗·商颂》：“韦顾既伐，昆吾夏桀。”	参看《左传》昭十二年楚王语。
苏	己	?	当在温邻近，或即近代怀庆府属，盖苏忿生之邑有温（《左传》隐元），知其当不远。	《苏秦列传·索隐》：“苏秦，字季子，盖苏忿生之后己姓也。”	周武王司寇苏忿生（见《左传》隐十一年注）或他姓之人就苏地而封者，司马贞以为即己姓，疑误。《国语》：“有苏氏之女曰妲己。”此苏为己姓之证。
顾	己	夏时国，见《郑语》。		见昆吾段。	
温	己	夏时国，见《郑语》。	据杜注，今温县。		
董	己	夏时国，见《郑语》。		《左传》昭二十九年，蔡墨曰：“昔有飂叔安，有裔子曰董父，实甚好龙，能求其耆欲以饮食之。龙多归之，乃扰畜龙以服事帝舜。帝赐之姓曰董，氏曰豢龙，封诸鬷川，鬷夷氏其后也。”《国语·郑语》韦注：“董姓，己姓之别受氏为国者。有	

续表

国	姓	时代	地望	附记	校订
				飂叔安之裔子曰董父，以扰龙服事帝舜，赐姓曰董，氏曰豢龙，封之鬷川。当夏之兴，别封鬷夷，于孔甲前而灭矣。《传》曰：‘孔甲不能食龙，而未获豢龙氏。刘累学扰龙于豢龙氏，以事孔甲。’”	
樊	己		杜曰：“一名阳樊，今野王县西南有阳城。”按，野王当今沁阳（河内）县。	《郑语》韦昭注：“昆吾，祝融之孙，陆终第二子，名樊，为己姓，封于昆吾，昆吾卫是也。”	
己	己姓之原	早灭	齐国之东南，当今山东寿光等地。		按，以己为国之祝融后裔，不见经传，若经传之己（纪）乃姜姓之国。然以姓之由来，本因国邑之名之故，则在姜姓之纪建国之前，必有祝融之己：若昆吾苏顾董樊之姓己，皆由其中出耳。此祝融之己，当时何在，实未能确知，然当去姜纪之邑不远。

续表

国	姓	时代	地望	附记	校订
郻夷	董	夏时国，见《郑语》。		见董下	
豢龙	董	夏时国，见《郑语》。		见董下	
彭祖	彭	商时国。	彭城，当今江苏铜山（徐州）。	《郑语》韦注："大彭，陆终第三子曰篯，为彭姓。封于大彭，谓之彭祖，彭城是也。豕韦，彭姓之别封于豕韦者。殷衰，二国相继为商伯。"又曰："彭祖，大彭也。豕韦，诸稽，其后别封也。大彭、豕韦为商伯，其后世失道，殷复兴而灭之。"	按，彭祖者疑当释为彭姓之宗邑，他邑则其分支。以彭祖为人，盖后起之说。又，此名屡见于殷墟文字，有曰："辛丑卜𠂤贞乎[illegible]彭。"（卷五，三十四页。）以殷王都洹水之理计之，此彭必非彭城，当与韦为近。
诸稽	彭	商时国，见《郑语》。			
舟人	秃	周所灭，见《郑语》。	州，当今河南沁阳（故怀庆首县河内）。		此名不见他处，然以舟与州音同，故或即《左传》隐十一年之州。其文曰：

续表

国	姓	时代	地望	附记	校订
					“王取邬、刘、荐、邘之田于郑，而予郑人苏忿生之田、温、原、絺、樊、隰、郕、欑、茅、向、盟、州、泽、陨、怀。”此数地名中，邬、温皆为祝融八姓之国，其樊、苏、刘亦与相涉。
鄢	妘	周时采卫，见《郑语》。		《左传》隐二年：“郑伯克段于鄢。”	
邬	妘		杜云：“河南缑氏县西南有邬聚。”按，缑氏当今偃师县。		按，《国语》宋公序本，邬作鄢，天圣明道本作邬。黄丕烈曰：“诗谱及《史记》注引虞翻及索隐皆作邬。”今仍两存之。
郐	妘		《左传》僖三十三年杜注：“故郐国在荥阳密县东北。”	《郑语》韦昭注曰：“陆终第四子曰求言，为妘姓，封于郐，今新郑也。”《毛诗》有《桧风》。音义曰：“桧者，高辛氏之火	

续表

国	姓	时代	地望	附记	校订
				正，祝融之后，妘姓之国也。其封域在古豫州外方之北，荥波之南，居溱洧之间。祝融之故墟，是子男之国，后为郑武所并焉。”	
潞	妘	周时国。			
偪阳	妘	周时国，灭于晋。	《春秋》哀十年，杜曰："偪阳，妘姓国，今彭城偪阳县。"按，今属山东峄县南境。		
鄅	妘	昭十八年邾人之。	《春秋》昭十八年："邾人入鄅。"杜曰："今琅琊开阳县。"按，当今山东临沂。	又同年《左传》杜曰："鄅，妘姓国。"	
夷	妘		《左传》隐元年："纪人伐夷。"杜曰："夷国在城阳壮武县。"按，当今山东胶县与即墨县境。	同年《正义》曰："《世本》，夷，妘姓。"	

续表

国	姓	时代	地望	附记	校订
郳	曹	直至战国初尚存。	郳即邹，今山东邹县峄县境。		按，郳之故国多为鲁夺。孔丘、孟轲皆邹（郳）人，而颜回之颜氏则郳武公后（引见《氏族略》）。
小郳	曹	同前	今山东滕县境。	郳彝器颇有存者，不称周王纪年，字体则近齐器。	
莒	曹	《春秋》中偶见	今山东莒县。		据《郑语》，莒为曹姓，然《左传》文七年："穆伯娶于莒，曰戴己，生文伯；其娣声己生惠叔。"《广均》又以为嬴姓。按，《左传》此节颇类刘逢禄所指为敷衍经文者，自当仍从《国语》。若果有己姓者，亦必别是一国。
曹		其灭亡当在周之前。	今山东西南境，正当殷都之东。		按，古籍无记祝融后之曹国者；然以姓之由来本由国邑之理推之，必郳莒之

续表

国	姓	时代	地望	附记	校订
					先有曹国，为祝融之后，特灭亡在周前，史不得而考耳。
夔越	芈		今湖北秭归东境。		《郑语》：“芈姓夔越，不足命也。”韦曰：“夔越，芈姓之别国。楚熊绎六世孙曰熊挚，有恶疾，楚人废之，立其弟熊延。挚自弃于夔，其子孙有功，王命为夔子。”是韦以夔越为一国之名，未知然否。
芈蛮	芈				韦注谓：“蛮芈谓叔熊，在濮从蛮俗。”未知蛮芈是否指此？
荆楚	芈		初居今湖北秭归荆门一带，继向东北发展。		
	斟			《郑语》：“斟姓无后。”韦曰：“斟灌斟寻……皆夏同姓，非此也。”	

续表

国	姓	时代	地望	附记	校订
唐		灭于周公，以封叔虞。	据晋国之地望及《诗·唐风》，当在河东汾水之域。		按，此即陶唐氏之唐。《晋语》八，（范）宣子曰："昔匄之祖自虞以上为陶唐氏，在夏为御龙氏，在商为豕韦氏，在周为唐杜氏，周卑晋继之为范氏。"豕韦御龙之姓，既可知其谁属，则陶唐当亦祝融之族。
唐	祁（据顾）	《左传》宣十二年，唐惠侯为楚军左拒。定五年，楚灭唐。	据顾，唐当今湖北随县。		按，此疑是周灭唐后其支属南奔者。

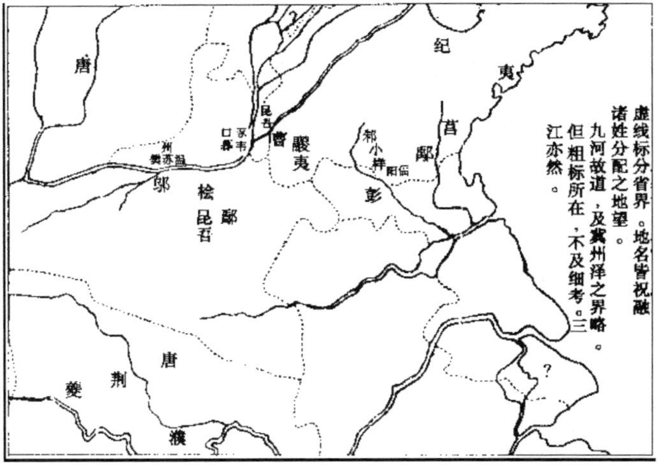

如上列之表更依其地望画成一图，则可见祝融诸族在虞夏商周间的分布，实在济邑迤东、河南北岸甚宽广之区域，东经许郑（河之南）卫（河之北）各地，逾曹滕诸境，直括淮水之北，凫峄之阳，而抵琅琊东海。又有西北上的一支，在河东汾水区域。更有西南部的一堆，在今湖北境汉水中流。这样分配应如何解释，且待下文说。

又《左传》昭十二（前530年）：“（楚）王曰：‘昔我皇祖伯父昆吾，旧许是宅。今郑人贪赖其田而不我与。’”据此可知楚昆吾之为宗属的关系，在《左传》《国语》中并非一见。

除上列一堆材料外，尚有《史记·楚世家》所记楚之先世，是极可宝贵的材料。这材料的大体当是从太史公所见之《国语》及《世本》出来的。现在录在下边，并附以校正疏说的话。

楚之先世出自帝颛顼高阳。高阳者，黄帝之孙，昌意之子也。

按，颛顼当为虞夏之祖（虞夏同宗，余别有论）。《国语》四："有虞氏禘黄帝而祖颛顼，夏后氏禘黄帝而祖颛顼。"若楚之宗乃是祝融，《郑语》明标祝融八姓，而以祝融与虞夏商周为对，明其并非一族。《离骚》曰，"帝高阳之苗裔兮"，此高阳之帝，当是祝融。帝而曰阳，阳而曰高，与火正之义正合。又按，虞夏之盛，南方民族必受其文物之影响，则初谓虞夏之祖与自己之祖有若何关系，《楚语》"颛顼受之，乃命南正重司天以属神，命火正黎司地以属民"正其例。然此但指官守而已，后来更有大一统之论者，以为有如何血统之关系。尤后更错乱其名号，于是高阳乃成颛顼。高阳成颛顼之说，只见于《史记》，不见于《左传》《国语》；《左传》《国语》所记，则颛顼自颛顼，祝融自祝融。祝融为芈等八姓之祖，颛顼为虞夏之祖。《国语》虽已有黄帝十二姓之说，然“泛祖宗之黄帝”论，犹未畅然发达，且高阳之帝号犹未见。

> 高阳生称，称生卷章，卷章生重黎。重黎为帝喾高辛居火正，甚有功，能光融天下，帝喾命曰祝融。

按，此说与《国语》不合，应从《国语》，以《国语》远在大戴帝系及《史记》之前；重黎二人，而《史记》以为一人。如《史记》说，重黎乃颛顼之曾孙，即使传世甚速，亦焉能及身使其曾孙司天司地？又按，此所谓光融天下，已暗示其为拜火拜日之教。盖祝融正可译为司火。重黎两族，盖南方之拜火教也。

> 共工氏作乱，帝喾使重黎诛之，而不尽。帝乃以庚寅日诛重黎，而以其弟吴回为重黎后，复居火正为祝融。

按，帝喾为商之宗帝，所谓帝喾诛重黎者，无异商之先世曾与祝融之族征战而杀其王，或其族已臣服于商，而商以不适意而杀之。又按，《离骚》“惟庚寅吾以降”，据此可知庚寅者，楚俗之重日。

吴回生陆终，陆终生子六人，坼剖而产焉。其长一曰昆吾，二曰参胡，三曰彭祖，四曰会人，五曰曹姓，六曰季连。芈姓，楚其后也。

按，会人，应即《国语》之郐，参胡不知当《国语》中何名，音则与苏顾为近。

昆吾氏，夏之时尝为侯伯，桀之时汤灭之。彭祖氏尝为侯伯，殷之末世灭彭祖氏。

按，此与《国语》合。

季连生附沮，附沮生穴熊。其后中微，或在中国，或在蛮夷，弗能纪其世。

按，此处若无新获卜辞“卜伐芈”之语，则楚与中国诸祝融后之关系，终在惝恍迷离之间。

周文王之时，季连之苗裔曰鬻熊。鬻熊子事文王，蚤卒。

按，此即下文所谓“吾先鬻熊文王之师也”。既曰早卒，焉得子事文王？必楚人夸大之语。

其子曰熊丽，熊丽生熊狂，熊狂生熊绎。熊绎当周成王之时，举文武勤劳之后嗣，而封熊绎于楚蛮。封以子男之田，姓芈氏，居丹阳。楚子熊绎与鲁公伯禽、卫康叔子牟、晋侯燮、齐太公子吕伋，俱事成王。

按，此本之《左传》昭十二前楚灵王语，亦高攀之词，至多芈之一部落为荆楚之先者，曾受周封朝贡，或在周人势力不及之地，开拓疆土，周人羁縻之而已。

熊绎生熊艾，熊艾生熊䵣。熊䵣生熊胜。熊胜以弟熊杨为后。

按，楚之诸公诸王，兄终弟及时甚多，特每由争杀得之。《左传》文元年（前626年），“楚国之举恒在少者”，盖其宗法并非传长。此亦近于殷远于周者。

熊杨生熊渠，熊渠生子三人。当周夷王之时，王室微，诸侯或不朝，相伐。熊渠甚得江汉间民和，乃兴兵伐庸。

按，杜预以庸当上庸县，即今湖北竹山县（故郧阳属）地。

杨粤至于鄂。

按，《史记集解》引《九州记》曰："鄂，今武昌。"

熊渠曰："我蛮夷也，不与中国之号谥。"乃立其长子康为句亶王。

按，《集解》引张莹曰："今江陵。"

中子红为鄂王。

按，彝器中有鄂侯驭方鼎，记王南征经鄂事，不知是即此之鄂否？《集解》引《九州记》曰："今武昌。"

少子执疵为越章王。

按，越章疑即后来之豫章。

皆在江上楚蛮之地。及周厉王之时，暴虐，熊渠畏其伐楚，亦去其王。

按，熊渠时楚曾一次强大，旋以厉宣南征而不逞。《诗》所谓“蠢尔蛮荆，大邦为仇”者，当即指其称王略地事；所谓“荆蛮来威”者，当即指其去王号事。《史记》此节实与《诗经》所记者绝相应。

后为熊母康，母康早死。熊渠卒，子熊挚红立。挚红卒，其弟弑而代立，曰熊延。

按，《索隐》引谯周曰：“熊渠卒，子熊翔立。卒，长子挚有疾，少子熊延立。”当是据其所见之《世本》。

熊延生熊勇，熊勇六年而周人作乱，攻厉王。厉王出奔彘。熊勇十年卒，弟熊延为后。熊延十年卒，有子四人，长子伯霜，中子仲雪，次子叔堪，少子季徇。延卒，长子伯霜代立，是为熊霜。熊霜元年，周宣王初立。熊霜六年卒，三弟争立。仲雪死，叔堪亡避难于濮，而少弟季徇立，是为熊徇。

按，熊渠死后，至熊徇，楚有内乱，故周幽平间，宗周虽乱，未闻楚师北上。

熊徇十六年，郑桓公初封于郑。二十二年，熊徇卒，子熊咢立。熊咢九年卒，子熊仪立，是为若敖。若敖二十年，周幽王为犬戎所弑，周东徙，而秦襄公始列为诸侯。二十七年，若敖卒，子熊坎立，是为霄敖。霄敖六年卒，子熊眴立，是为蚡冒。蚡冒十三年，晋始乱，以曲沃之故。蚡冒十七年卒，蚡冒弟熊通，弑蚡冒子而代立，是为楚武王。

按，楚当仅是熊渠之一支，承若敖蚡冒之一线者。东周之初，方始强大。

据以上两种材料，我们可以推求祝融后裔，直至荆楚之大纲节目。唯在推求之前，有一事须先决者，即《国语》《世本》《史记》之材料，如何可据。此题若未得回答，则以下的议论皆无着落。按，《左传》一书，原不是《春秋》之传，而大体是经《国语》中抓出来，附会上些书法以成的，在今日除古文专守经学家以外，已成定论。若其中记载古代族姓国家的分合，至多也不过很少的一部分是汉时羼入的。现在若把《左传》《国语》中这些材料抄出，则显然可以看出有两类：大多的一类是记载族姓国别的，例如上文所引《郑语》中的一节；甚少的几段记古帝之亲属关系，例如黄帝子廿五宗，受姓十四人之类。上一类是记载民族国姓之分别，乃是些绝好的古史材料；下一类当是已经受大一统观念之影响，强为一切古姓古帝（古帝即每一民族之宗神tribal gods，说另详）造一个亲属的关系。此种人类同源的观念，虽于发展到秦汉大一统的局势上有甚多助力，但是混乱古史的力量也非常厉害的。我们如果略去这些，则《国语》《左传》中记载古代民族的说话，实是些最好的材料了。这个标准既定，然后我们可以去用《左传》《国语》中的古史料。至于《史记》所记的世系，本是依据《世本》的。《世本》一部书已佚，现在只有几种辑本。我们据这几部辑本和《史记》，知道这部书实是绝重要的书，不幸亡佚了。《世本》大体可靠与否，虽不能全部证明，然可借其一部分证其全书非由妄作。《殷本纪》所载之世系，虽有小误，然皆由文字传写而生，不由虚造。既不妄于《殷本纪》，何至妄于《楚世家》？所以我们现在对于《楚世家》所记，正没有理由不凭借它。

这个先决的问题既经讨论，我们可以分析楚先世在大体上曾有几个段落了。

唐虞二代之观念，实甚后起来。在《左传》《国语》中只有虞夏商周的一个系统。即至甚后的文词如《史记》，所记伯夷饿死时之歌，也只是说“神农虞夏忽焉没兮”，直以虞夏接神农，无所谓唐。在《左传》《国语》中这个情形更明显。《晋语》八（范）宣子曰：“昔匄之祖自虞以上为陶唐氏，在夏为御龙氏，在商为豕韦氏，在周为唐杜氏。”此明明白白以陶唐为在虞之先，至不以陶唐列入虞夏商周之统。然而陶唐是祝融之姓，这是我们很可注意的一点。又，虞夏商周四代的观念，只可说是周代人的观念，或可说西土（包括河南西部、山西之河东及陕西）人的观念。若东土人则如《左传》所记各东夷之传说，并不如此，当是大皞、少皞、殷，一个系统。东土人之未尝看重虞夏（若禹之宗教，另有别论），又可以《诗·商颂》为证。“韦顾既伐，昆吾夏桀”，是直以韦、顾、昆吾、夏为列国。而西方之系统中，亦无风姓之太皞有济（齐），任姓之少皞。这个情形，大致如下表：

西土的统系　　虞—夏—周
东土的统系　　太皞、有济—少皞—商

这个情形，在《左传》《国语》里颇明显的。若说到详细，非写一本书不可，现在只好从略了。

在这东西两个系统之先，东西两地中至少有很广的一部分是被祝融的宗姓占领的，或者竟是大多的一部。祝融之本土，即所谓“祝融之虚”者，郑玄诗谱以为在桧。照地望说，正在中央，似乎可信。陶唐氏既在有虞之先，而祝融八姓之内许多是古国。所谓昆吾为夏伯者，无异说，在夏时昆吾曾为一个强大国，与夏为敌。所谓大彭、豕韦为商伯者，无异说，在商时大彭、豕韦为强大国，与商为敌。果然，“董姓鬷夷、豢龙，则夏灭之矣；彭姓彭祖、豕韦，则商灭之矣”。又，庶人称黎民，秦俗如此称者尤多。黎之一词，盖即重黎之谓。中原之下层人为黎族，则黎族必在早年据中原。凡此种种皆证明西土之夏、东土之殷，皆继祝融诸姓而强大，在夏殷未作之前，据东土西土者，必以祝融诸姓为最强大。然则楚之先世“景员维河”，实中原之旧族，经三代而南迁，非历熊渠若敖蚡冒而始北上。

那么，我们要插进一个问题了。祝融诸姓本在中原时是何等的文化？他们所有的是何样的一个生活？根据现在的材料，我们不能解答这个话，但下列的提示颇可论定。曰“祝融亦能昭显天地之光明，以生柔嘉材者也”，可知他们是林中的生活。鬷夷、豢龙、豕韦诸国或在其有土之时，或在其亡国之后，都以饲龙为事业，翻译成现代的话，都是玩鳄鱼的，仿佛像印度玩蛇的，则他们必是在泽隰中过日子了。又，“命南正重司天以属神，火正黎司地以属民”，则神道为拜火之教，族类为来自南方之人，亦甚明白。且“祝融亦能昭显天地之光明”，非日光神而何？把这些话括起来，正可以说，以祝融为宗神宗祖之诸姓，虽在夏商起来之前占据中原，但毕竟是和南方有牵连的民族，曾在中原过其林隰生活（Jungle Life）。或者黄河流域林木之斩伐，天气之渐趋干燥，正是使他们折而南退的大原因，不仅是夏商的压迫而已（按，夏之遗迹，虽在中原之西部，而其来源亦若自南方者，此处不及详论）。

历夏商两代，祝融诸姓被新兴大国所驱除，已如上文所说。而凭彦堂之发见，更可见殷与芈姓必常在相斫中。甲文虽只发见此一片，然事实必不只此一次。到殷商之亡，更有力气的周民族进来，尤其把倒运的祝融后代驱除了一阵，有《逸周书》为证（按，《逸周书》各篇之可靠虽不同，《作雒解》乃其中最可靠者）。

> 周公立，相天子。三叔及殷、东、徐、奄，及熊、盈以略。周公召公内弭父兄，外抚诸侯。元年夏六月，葬武王于毕。二年，又作师旅，临卫政殷，殷大震溃。降辟三叔，王子禄父北奔，管叔经而卒，乃囚蔡叔于郭凌。凡所征熊盈族十有七国，俘维九邑。俘殷献民，迁于九毕。（《逸周书·作雒解》）
>
> 成王立，殷民反，王命周公践伐之。商人服象，为虐于东夷。周公遂以师逐之，至于江南。乃为三象，以嘉其德。（《吕氏春秋·古乐》）
>
> 管蔡武庚等果率淮夷而反，周公乃奉成王命兴师东伐，作《大诰》。遂诛管叔，杀武庚，放蔡叔，收殷余民，以封康叔于卫，封微子于宋，以奉殷祀，宁淮夷东土。（《史记·鲁世家》）

以上三节是相合的。《作雒解》之所谓熊盈，即在《吕览》所谓东夷之内，亦即在《史记》所谓淮夷之内。盈即嬴，徐之宗姓。秦赵的宗姓嬴，是因为后来被周人封建在西土的（按，秦赵嬴姓之来自徐方，《史记》所载甚明白。盖秦之人民固可为来源自西者，而秦之公姓则来源自东。今西洋人每谓秦族来自西，以黎民及黔首等词为证，不知黎民本黎族，正是祝融之族，初普布于中原，后乃居民众之下层。若黔首者，则传记犹云，“黔其首以为城旦”，指服饰言，非谓发色，甚矣其妄也）。熊自然是楚先世之姓了。可见殷周之际，熊姓在东南，曾被人列在淮夷东夷中，更可见熊氏曾为殷商亡国而奋斗。这必是已在殷室宗盟中列于异姓之班了。楚之似殷不一端，姑举数例：一、宗法之同。即所谓传弟，亦即所谓“楚国之举，恒在少者”。二、官名之词，阿衡称伊尹，楚之执政者亦曰令尹（按，伊尹应为汤之血属，不然，宗祀何以有伊尹，屡见殷墟卜辞。楚之令尹亦概由王之亲属为之）。三、舞之相同。按，万舞所布之地在商在楚，他无所闻。《诗·商颂·那》：“奏鼓简简，衎我烈祖……庸鼓有斁，万舞有奕。”又，《邶风·简兮》：“简兮简兮，方将万舞。”邶、鄘、卫《风》固皆商地之旧。《左传》庄二十八年（前666年）：“楚令尹子文欲蛊文夫人，为馆于其侧，而振万焉。”四、《离骚》已是甚后之作，而其中所用故典，殷事最多：彭咸、飞廉、有娀、伊挚、傅说、武丁。周为后王，事迹粲然，所用反甚少。这正可看出楚国文化所自来之系统来。彦堂的一块甲文，正可证明殷与楚祖之芈“代相干也”。

大约宗周盛时，是祝融诸姓最倒运的时候。不特在中国的“熟祝融”因周室封建而割宰的剩下不多，即在南方的“生祝融”，亦因周室之开辟南国而大受压迫，然而周朝虽在方盛的时候也未能在南方大逞。昭王南征不复，究竟是谁做的把戏，现在虽不能考定，然齐桓以此责楚，楚请他“问诸水滨”，看来当是楚之同宗在江上者做的了。到夷厉的时代，芈之一支熊渠曾大拓土一次，封了许多的王，《史记》所载与《诗经》所记虢季子白盘所记相应。彼时荆楚必是接续着南淮夷为南方的大患。这患之大，俨然与玁狁之患为对。周室对于这个南方的大患，曾经很用了几下子力气。对付淮患最费力气，因为淮人取个攻势，周王曾命录“以成周师氏师戍于𡎸自”（《陶斋吉金录》卷二第三十九页）。《诗》大小雅所记，关于徐淮者也较多。所说到荆的，只“蠢尔蛮荆，大邦为仇”，“征伐玁狁，荆蛮来威”。但所记召虎定江汉、申伯宅南国等，都应该与伐荆当作一件事看。熊渠当是夷厉时代的人，《史记》所载既这样，而《大雅》中有关各篇，若比较其年代来，也这样（说详拙著《大雅的时代》一文，尚未刊）。在熊渠先拓土后去王号的一番经过之后，周室曾以召伯虎的领导，大大地开辟江汉。这事以后，熊渠之嗣有几番内乱，如《史记》所说，不然，何以不乘宗周之乱北上呢？然而其中毕竟有一支经若敖蚡冒而开了些山林地方，到熊通便利害得不得了，俨然要窥周室了（这一节里所说，见拙著《周颂说》，《国立中央研究院历史语言研究所集刊》第一本第一分第九十五页；又见友人丁山著《召伯虎传》，《国立中央研究院历史语言研究所集刊》第二本第一分第九十一页）。

熊渠去王号以后，熊通复王号以前，颇有几件铜器存到现在。楚公钟三器，吴孙诸氏均释为“为”字，形固是，然《史记·楚世系》无以为名者，按其时代必在熊渠之后。盖熊渠以前，犹称荆，《诗》可证；春秋改荆用楚，在僖公元年（前659年）。秦晋则始终称之曰荆，直到战国末，《韩非子》诸书犹然。大约荆用楚号必北上得楚麓之地然后如此。楚麓之名见于《诗》，所谓“周公奔楚”、“王在楚”，当指此成周以南大山中之区域。然此代亦必不在熊通之后，盖熊通又已用王号了。自熊渠后至熊通前之数代，假定《史记》所载并无遗漏，则眴或即之形误；可误作目或口（眴，《索隐》引《玉篇》作啊），宀可误作勹。若然，则为即蚡冒。然此不过是一个随便的假说。至楚公夜雨钟则可较详地推测，它的铭文实是翻转了的（吾友丁山说）。我觉得中间的几个文字不与铭相干，或是记乐律者，为逆字，前人之释可信，但孙王诸氏均谓即《史记》之熊咢，则似少依据。《说文》虽云咢从

吅屰，屰亦声，但金文咢字皆作噩，咢侯驭方鼎，咢侯敮，师咢父鼎，叔咢父敮，皆从双吅及，绝无从屰者。按：挚红弟曰熊延，弑而代立。延字在金文作（吕丁未角，师遽敦）诸形，逆字易于讹成之。唯无论逆字当何世，这几个钟必皆熊渠后熊通前差及百年间物，则无可疑。这个时候，楚之制作，如此粗犷，比起同时中国制作，如虢季子白盘来，真有天上人间之别，似乎不像曾染中国文化很长久的。但，我们须知，祝融之宗，本分了很多族类，以地望的不同自有生熟之别。中原的祝融孑遗，当是夷为仆隶附庸者多，能远遁者少。荆楚之兴，固当是生祝融，不当是由中原遁去的族姓之恢复。犹之女真两次进到中国皆是生人进来，不是自中国退出的重回来，进来后过些时便全是中国人了。而今黑龙江吉林东境犹存些非汉化的女真。又，中国简牍之用，自唐而绝，然女真部落保持到满清入关时，正其适例。

自楚武王以下的三世，是与中国争“南国”的。实在是中夏文化之最胜处，自楚有“南国”，然后又有了正统文化，说详见我所作《周颂说》（引见前），现在不再论。

以上所陈说，差可以表显祝融诸姓在历代之起落。彦堂找到殷商与荆楚之宗国芈有关系之一片，恰恰补到古代流传下来的材料之最缺乏处。这是何等畅快的事！

二　殷周之关系

殷周的关系，如依传统的说法是不给我们任何理解的。如我们相信古代的历史犹之后代的历史，不是异国相并，便是异姓相续，则古代一切朝代的代嬗，也富同样的不出下列几个公式：

1. 纯粹的外国代兴，如女真、蒙古等外国之于宋。

2. 已经有若干中国化的外国，如拓跋之代、河西之夏、努尔哈赤之后金。

3. 纯粹汉化了的虏姓，如刘渊之汉、苻坚之秦。

4. 中国的一个部落或区域，如秦之于六国、赵宋之于南唐等。隋之对陈也这样，虽然隋所自承的是个虏朝。

那么，殷周的关系是上列的哪一类呢？

以第一项的关系断为殷周的关系者，只有《诗经·鲁颂》“实维大王”“实始翦商”两句话。周是到太王时才立国的，而立国的朝代便翦商，岂不是与商无干吗？顾颉刚先生便颇相信殷周之不相干。但鲁人是周的子孙，周的子孙难免为他自己的祖宗夸大，所以这话还是不甚有力的证据。今有彦堂的“命周侯”一段甲片，这个可能完全消灭了。

第四项的可能也不大成问题，因为《诗》《书》上明明白白说出他们种姓、地理、建置，各项差别的。

那么，殷周的关系非二即三。其实这两件也只是程度的不同而已。

据《诗经》所载，周之种姓最与姜姓为近。古公亶父本来是个穷鬼，住在土穴里，而一旦为姓姜的拿去做赘婿，便筑起房屋来，筑起大门来，有工头（司空），有管账的（司徒）了（见《诗·大雅·绵》）。那么，我们因此不免有一问题，即周之姬姓是否为姜之一支。这话看来很像是的，因为周人自称他的始祖总是姜嫄。但也有很有力的反此说的记载。《国语》十："黄帝以姬水成，炎帝以姜水成，成而异德，故黄帝为姬，炎帝为姜。二帝用师以相济也，异德之故也。异姓则异德，异德则异类。异类虽近，男女相及，以生民也。同姓则同德，同德则同心，同心则同志。同志虽远，男女不相及，畏黩敬也。"又《国语》十六："姜姓，荆芈，实与诸姬代相干也。姜，伯夷之后也；嬴，伯翳之后也。"有这样的反证据，所以我们不能但凭姜嫄一个名词，断定周的种姓，那么，我们还是看看据《世本》的《史记》怎样说。《史记》所据的《世本》，对殷之先世既已证明不说谎话，则对周之先世所谓后王更粲然者，当不去说谎话。若小的误谬，也当是不能免的。

周后稷，名弃。其母有邰氏女，曰姜原。姜原为帝喾元妃（说见后）。姜原出野，见巨人迹，心忻然说，欲践之。践之而身动如孕者。居期而生子，以为不祥。弃之隘巷，马牛过者皆辟不践；徙置之林中，适会山林多人，迁之；而弃渠中冰上，飞鸟以其翼覆荐之。姜原以为神，遂收养长之。初欲弃之，因名曰弃。弃为儿时，屹如巨人之志。其游戏好种树麻菽，麻菽美。及为成人，遂好耕农。相地之宜，宜谷者稼穑焉。民皆法则之（以上大致是翻译《大雅》所记者）。帝尧闻之，举弃为农师，天下得其利，有功。帝舜曰："弃，黎民始饥。尔后稷播时百谷。"（以上是春秋战国贯通各姓说者之论）封弃于邰（此语与"其母有邰氏女"一语或矛盾），号曰后稷，别姓姬氏。后稷之兴，在陶唐虞夏之际，皆有令德。后稷卒，子不窋立。不窋末年，夏后氏政衰，去稷不务。不窋以失其官，而奔戎狄之间。不窋卒，子鞠立。鞠卒，子公刘立（公刘始称公，盖始立部落，其前更微）。公刘虽在戎狄之间，复修后稷之业，务耕种，行地宜，自漆沮渡渭取材，用行者有资，居者有畜积。民赖其庆，百姓怀之，多徙而保归焉。周道之兴自此始。故诗人歌乐思其德（公刘事亦自《诗·大雅》翻译来）。公刘卒，子庆节国于豳。庆节卒，子皇仆立。皇仆卒，子差弗立。差弗卒，子毁隃立。毁隃卒，子公非立。公非卒，子高圉立。高圉卒，子亚圉立（此必父子皆名圉而后以高亚别之，犹太丁少丁也）。亚圉卒，子公叔祖类立。公叔祖类卒，子古公亶父立。古公亶父复修后稷公刘之业。积德行义，国人皆戴之。薰育戎狄攻之，欲得财物，予之，已复攻，欲得地与民。民皆怒，欲战。古公曰，有民立君，将以利之。今戎狄所为攻战，以吾地与民。民之在我与在彼何异？民欲以我故战，杀人父子而君之，予不忍为。乃与私属遂去豳，度漆沮，逾梁山，止于岐下（以上并见《孟子》）。

照《史记》说，周之先世事迹较多者有三代：一、后稷是帝后姜嫄所生之子；二、公刘；三、古公亶父。中间都是些不大重要的，这话和《诗经》正合。中间的那些名字里面，自公刘以下至亶父，有九世，而三世称公。而皇仆、差弗、公非，三世之仆、弗、非，皆似一音之转。仆之一音，固吐蕃语中男子之号。我们固不能凭着这个，断定他的种族是当和现在所谓印度支那语系者一类，犹之乎不能依据羌姜同字，而羌中之部落有吐蕃族，以断定姜姓也是印度支那族类一个样。不过，《诗经》《史记》所载周先世的地名人名，多是单音词，大约总当是说一种印度支那语的人了。

为讨论的方便，且倒着去说，先谈古公亶父。古公亶父之古，是个形容词，大约由于国人爱之，而称他曰古公。这恰如普鲁士人称伏里迭里二世为Alter Fritz一样。假如我们认定《诗经》的话和《孟子》不矛盾，则此公必是先被薰鬻赶到渭水南岸，到那里做了姜家的赘婿，反而发达起来的。假如我们觉得《诗经·绵》篇开头几句话，“绵绵瓜瓞，民之初生。自土沮漆，古公亶父，陶复陶穴，未有家室”，是说古公生来并未有土地人民，只是一个穷光棍，则《孟子》的话，又是战国人的谣言。唯无论如何，太王时代总只是草创经营的地步，只做到“虞芮质厥成”，实谈不到翦商，因为远在西极的密阮共诸国还是文王开始翦伐的呢。翦商一说也不过是他的后人夸词吧。太王、王季、文王必是一个极端接受殷商文化的时代。凡是一个野蛮民族，一经感觉到某种文化高明，他们奔赶的力量，远比原有这文化的人猛得多。这是一个公例。王季、文王、武王的强烈殷商化，并用一个最有效的法子，就是讨殷商或殷商治下诸侯的女儿做老婆。这是野蛮人整个接受文明人的文化系统的大道。后代的历史证明这个事实很清楚。譬如唐宗女文成公主下嫁吐蕃弃宗弄赞一事，文成公主未必即是一个怎样有才的人，然而挟着她宗国文化的背景，“明驼千里”到吐蕃，便在吐蕃种下一个汉化的强种子，至今在西藏人的国民宗教中，文成公主占一个极重要的位置。又如回纥，历世受唐婚，结果是唐化得无对，虽佛教的经典还要用汉文译本为正，而又带着唐化向西方流布（参看A.Von Le Cog诸书）。又如看现在的留学生，一经讨到一个外国老婆，便“琵琶鲜卑语”不觉其可耻。比喻少说，言归正传，《诗经》上记这三代的姻事说：

王季一代　“挚仲氏任，自彼殷商。来嫁于周，曰嫔于京。乃及王季，维德之行。大任有身，生此文王。”（《大明》）

这样看来，文王正是殷商旁门的外甥，必是大殷化而特殷化的，这必然即是“文王之所以为文也”。

文王二代　“文王初载，天作之舍。在洽之阳，在渭之涘。文王嘉止，大邦有子。大邦有子，伣天之妹。文定厥祥，亲迎于渭，造舟为梁。不显其光，有命自天。命此文王，于周于京。”（《大明》）

关于这一段的解释，最可喜且可信的，为顾颉刚先生的话：他以为这是帝乙归妹的故事，天之妹即是帝乙之妹。说详他所著《周易卦爻辞中的故事》，载在《燕京学报》第六期，文长不转录。

然而文王又续了一个有莘氏女。《诗》同篇接着说："缵女维莘，长子维行，笃生武王。"（这也是顾颉刚先生说，见同文）莘也是东方的诸侯，就地望看，仍然是在殷"邦畿千里"之内（今莘县在山东省西境，去河南省安阳一带至近）。或者即是"天之妹"之媵罢?

武王三代　武王虽然用不着再讨殷商的女子做妻，然他的生母、嫡母、祖母一直是由殷商出的，则他在种类上先有四分之三是东方人。至于"母教"，便等于殷化，是不消说的了。武王的事业在灭舅的国家，楚文王也有这样德行。创业之君，总是先自近的吞并起呀。

这样子的从根基上受殷化，结果便是整个地承认了殷商的文化正统。所以周虽把殷灭了，还说"段之未丧师，克配上帝"。还追述文王娶殷女事说："大邦有子，伣天之妹。文定厥祥，亲迎于渭。造舟为梁，不显其光。"（此亦从颉刚说）

还以殷人来朝为荣，说："侯服于周，天命靡常。殷大肤敏，祼将于京。"

在这样的受殷化中，最重要的一件事，是竟自把殷人的祖宗也认成自己的祖宗了。周人认娘舅的祖宗本有显例，如"厥初生民，时维姜嫄"，这是认了大王的老婆的祖宗。至于认商的始祖，尤其是中国人宗教信仰之进化上一个大关键。这话说来好像奇怪，但看其中的情形，当知此说容许不误的。

初民的帝天，总是带个部落性的。《旧约》的耶和华，本是一个犹太部落的宗神。从这宗神（tribal god）演进成《圣约翰福音》中的上帝，真正费了好多的事，绝不是一蹴而成的。商代的帝必是个宗族性的，这可以历来传说商禘喾为直证，并可以商之宗祀系统为旁证。周朝的上帝依然还和人一样，有爱眷，有暴怒（见《诗·皇矣》），然而已经不是活灵活现的嫡亲祖宗，不过是践迹而生。且将商周的不同观念一做比较：

商　"有娀方将，帝立子生商。"这是说，商为帝之子，即契为喾之子。

周　"履帝武敏歆。攸介攸止，载震载夙，载生载育，时维后稷。诞弥厥月，先生如达。不坼不副，无菑无害，以赫厥灵。上帝不宁，不康禋祀，居然生子。"这是说，稷为姜嫄之子，而与帝之关系是较微弱的。

这样看来，虽然殷周的上帝都与宗姓有关系，然而周的上帝，确是从东方搬到西土的，也有诗为证：

> 皇矣上帝，临下有赫。监观四方，求民之莫。维此二国，其政不获。维彼四国，爰究爰度。上帝耆之，憎其式廓。乃眷西顾，此维与宅。（《诗经·大雅·文王之什·皇矣》）

把这话翻译成较不古的话，大致便是："大哉上帝，赫然看着四方。监察四方的国家，求知道人民的疾苦。把这两国看，看得政治是不对的。把那四方之国再都一看，看来看去，考量了又考量。上帝觉得他们那样子真讨厌。于是转来西看（看中了意），便住在这里了。"

这个上帝虽在周住下（"此维与宅"），然而是从东方来的（二国，《毛传》以为殷夏，当不误）。这话已经明说周人之帝是借自东土的了。进一步问，这个上帝有姓有名不呢？曰：有，便是帝喾。何以证之？曰：第一层，"履帝武敏歆"。《毛传》曰："帝，高辛氏之帝也。"因为我们不能尽信《毛传》，这话还不算一个确证。第二层，《鲁语·上》："商人禘喾而祖契，郊冥而宗汤。周人禘喾而郊稷，祖文王而宗武王……上甲微，能帅契者也，商人报焉。高圉，大王，能帅稷者也，周人报焉。"这句话着实奇怪，岂不是殷周同祖吗？然殷周同祖之说，全不可信，因其除禘帝喾以外，全无同处。且周人斥殷，动曰戎商戎殷（说详下），其不同族更可知。然《鲁语·上》这一段话，又一定是全可靠，因为所说既与一切记载合，而商之禘喾，上甲之受报祭，皆完全由殷墟卜辞证明之。一个全套而单元的东西，其中一部分既确切不移，则其他部分也应可信。那么，这个矛盾的现象如何解释呢？唯一的可能，是以不与此两个都可信的事实矛盾者，即是商人的上帝是帝喾，周人向商人借了帝喾为他们的上帝，所以虽种族不同，至所禘者则一。帝者，即所禘者之号而已。第三层，《世本》《史记》各书皆以为殷周同祖帝喾。这个佐证若无《左传》《国语》中的明确的记载，我们总是不相信的。但一有《国语》中那个已有若干部分直接证明了的记载，而我们又可以为这记载做一不矛盾的解释，则《世本》《史记》的旁证，也可引以张军了。

禘、帝是一个字，殷墟文字彝器刻辞皆这样。帝郊祖宗报五者，人名，礼名，皆同字，所在地或亦然。帝之礼曰帝（禘），帝（禘）时所享之神为帝。祀土之礼曰土（社），祀土之所在曰土（社），所祀人亦曰土，即相土（说详后）。殷之宗教，据今人研究卜辞所得者统计之，除去若干自然现象崇拜以外，完全是一个祖先教，而在这祖先教的全神堂Pantheon中，总该有一个加于一切之上的。这一个加于一切之上的，总不免有些超于宗族的意义。所以由宗神的帝喾，变为全民的上帝，在殷商时代当已有相当的发展，而这上帝失去宗神性最好的机会，是在民族变迁中。乙民族用了甲民族的上帝，必不承认这上帝只是甲民族的上帝。周诰、周诗是专好讲上帝三心二意的，先为（去声，下同）夏，后来为殷，现在又为周了。这样的上帝自然要抽象，然而毕竟周诗的作者不是《约翰福音》的作者，或圣奥古斯丁，还只是说上帝是“谆谆然命之”的（例见《绵》篇）。

周人抄袭殷人的全神堂时，不特借用了一个头子，并且用自己的材料仿造了第二把交椅，在殷是相土，即所谓“亳社”之神，在周是后稷。我们先看相土是什么。王静安《戬寿堂殷墟文字考释》第一页，“其尞于土”，王云：

> 土，殷先公相土也。卜辞纪祀土者，或曰：“贞尞于土，三小牢，卯一牛。”又曰：“贞于土𠦪。”又曰：“贞𠦪年于土，九牛。”又曰：“贞[illegible]尞于土。”并此书一事而六。

土字作者，下＿＿象地，上○象土壤也。盂鼎“受民受疆土”之土，作，此作者，卜辞用刀锲，不能作肥笔，故空其中作，犹之作，●之作矣。知土为相土者，《诗·商颂》《春秋左氏传》《世本》《史记》诸书，皆连言相土，而《荀子·解蔽》篇云，“乘杜作乘马”。杨倞注曰：“《世本》云，‘相土作乘马’，杜与土同，以其作乘马之法，故谓之乘杜。”是乘本非名，相土可单称土，又假用杜也。然则卜辞之土，当即相土。曩以卜辞有字，即邦社，假土为社，疑诸土字，皆社之假借。后观卜辞中殷之先公有季，有王亥，有王恒，又自上甲至于主癸，无一不见于卜辞，则此土当为相土而非社矣。

按，王君认此文为相土之土，固为最胜之义，唯谓为非社，则实误。此文固为相土之土，亦为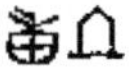（邦社）之社，邦社土实即一事。土字之即社字，社字即土字，在经典中甚明显；如后土即社一类之例，正不烦遍举。相传社始于祀共工氏之子句龙曰后土者，稷始于祀烈山氏之子柱者，经三代之交替，祀礼存而所祀者因代而异，一若社稷是两事者。然社稷之称，在《左传》《国语》《论语》等早年可靠之书中（《左传》之云“可靠”者，指其不关书法之材料而言），或单称社，或称社稷，从来不单言稷祀。且社之以国分，其义甚显，因为社本是邦土之主祀。若稷之分国，则颇不可解。且水土百谷实全是相因者，即令有不同之神，其祀礼当为一事。《鲁语·上》："庄公如齐观社。曹刿谏曰：'不可……夫齐弃太公之法，而观民于社。君为是举而往观之，非故业也。何以训民？土发而社，助时也。收捃而蒸，纳要也。今齐社而往观旅，非先王之训也。'"据此可见社稷之关系，可见稷田之礼即行于社，是则社稷之祀本是一事。《孟子》："牺牲既成，粢盛既洁，祭祀以时，然而旱干水溢，则变置社稷。"此犹是近古之说，明社稷为一事。殷墟卜辞中历历言祀土，而不言祀稷；周诗历历言祀稷，而不言祀土，明其相同，明其不妨并列。又按，时《商颂》："相土烈烈，海外有截。"此亦类于平水土之意。《周官·校人》："秋祭马社。"郑注曰："马社，始乘马者。《世本》曰：'相土作乘马。'"马社虽不可谓即是社，然既曰社，而郑君复以相土之故事引入，或者可见相土与社有如何之关系。且有一事至可注意者，即殷人祭其先世，自上甲至于多后为一系，而以上诸世与之绝不同。用一切卜辞之统计而做结论，现在尚不可能，此须待至彦堂拟作之卜辞汇编成后，然姑以王静安君之《殷墟书契考释》及《古史新证》（不在《遗书》中而编于述学社《国学月报》之"王静安先生专号”内）所辑，关于卜祀之辞观之，已可见其绝不同处。此两书中所列祀殷先王者数百事，然祀“自上甲至于多后”之合祭，与祀自上甲以来各世祖妣之分祭，皆不用尞（只有一例外，即《殷墟书契考释》增订本卷下第十四页第五行，“大甲，尞亖羊，卯亖牛”。此为罗君增订本，不注出处，无从查考原版。然大甲或合上文读）。而祭夋与土则皆用尞，亦有尞于王亥及妣乙者。王亥即振，已为定论，此世固在上甲之前。妣乙为何代之配，因无合祭，不可知。准以高祖夋之例，则此当为其始祖妣，《说文》释乙为玄鸟，与《诗》正合，然则妣乙即简狄也（论此另有一文）。尞盖燔柴之祭，与沉埋等，皆不可于室中行之。自上甲以来者，既始用宗庙之祭，可以上甲、报乙、报丙、报丁诸名之书形知之。上甲之从口者，必设位于中，报乙、报丙、报丁之众匚コ者，必设位于旁，口与匚当即祏一类者。此必是室中之祭。尞既不可于室中行之，而祀高祖夋及土，皆但用尞，可知其必不在室。此与祀帝于郊，祀后土于社之场所正合。又尞、沈、薶诸祭，亦用于兕蚀等，此数字虽不可知其究何指，然其指自然之怪，则可信。然则祀自然亦与夋、土等同，明夋、土等不仅是殷之先祖，且与自然为同类矣！凡此分别，皆显然表示夋土诸世与自然之祭焉一系，而不与上甲以来者为一系，亦即表示⌂虽为相土，亦应并为邦社也。然最有力之证，仍为《诗·生民》中“诞后稷之穑，有相之道”一语。毛曰：“相助也。”郑曰：“大矣后稷之掌稼穑，有见助之道，谓如神助之力。”此解全不可通，《毛传》《郑笺》中此类不同之例至多。今如以相为人名，不特文从字顺，且于经典正有其证。《国语》三，“昔共工弃此道也”，正与此同其文法，特一用名词，一用代名词而已。凡上文所举，虽均非直证，然旁证者既如是多端，则相土即邦社，当可为定论。盖夏商周同祀土（即今所谓“土地庙”）而各以其祖配之。夏以句龙，殷以相土，周以弃稷。至于所谓配者，是如何解，已颇不易明。所以配者究竟以为上帝之自然神以外，更有夋，或者夋即是上帝呢？究竟土之自然神以外，更有夋，或者夋即是土之自然神呢？然三位一体之论，在后来固是一个很雄辩的哲学，在初民时代，也当有一个抽象的与具体的混淆了的背景。那么，再问周人向殷人半借用半模仿而成的全神堂，在后来有证吗？曰：有。满洲的祭天，本是跳神。然自灭中国以后，承袭了儒家的祀正统之天，在天坛，并承袭了嘉靖帝的道士之天，在高大殿，而同时继续其跳神之天，于坤宁宫中杀猪！因为接受前一代的土地人民文化，不得不接受前一代的宗教——至少在表面上。

殷之种姓，上期寄颉刚的信上一段说：

鲁是一个古文化的中心点，其四围有若干的小而古的国。曲阜自身是少昊之墟。昊（皞）容或为民族名，有少皞之于太皞，犹大宛、小宛，大月氏、小月氏也。我疑及中国文化本来自东而西，九河济淮之中，山东辽东两个半岛之间，西及河南东部，是古文化之渊源。以商兴而西了一步，以周兴而更西了一步。不然，此地域中，何古国之多也。齐容或也是一个外来的强民族，遂先于其间成大国。

十六年八月，始于上海买王静安君之《观堂集林》读之，知国内以族类及地理分别之历史的研究，已有如《鬼方猃狁考》等之丰长发展者。然此一线上之题目正多，而每每甚细，如粗粗鲁鲁地泛以这民族那民族论，亦未曾有是处。旋见《国学论丛》第一卷第二号徐中舒先生《从古书中推测之殷周民族》一文，至觉倾佩。今欲辩殷之种姓，转录其一节如下：

今由载籍及古文字，说明殷周非同种民族，约有四证。一曰由周人称殷为夷证之。《左传》昭二十四年（前518年）引《太誓》曰："纣有亿兆夷人，离心离德。"夷人，殷人也，服氏杜氏均以夷为四夷之夷，非也。《逸周书·明堂解》曰：“周公相武王以伐纣夷，定天下。”纣夷连文，亦谓殷人为夷也。纣夷又见《佚书·太誓篇》，《墨子·非命上》引其文曰：“纣夷处不肯事上帝鬼神。”《非命下》引作“纣夷之居而不肯事上帝”；《天志》中引作“纣越厥夷居而不肯事上帝”。此同引一书而其文不同如此。盖昔人罕见纣夷连文，因转写讹谬，遂失其读。《逸周书·祭公解》云：“用夷居之大商之众。”夷居大商与《太誓》之称纣夷居义同，此皆谓殷人为夷也。二曰由周人称殷为戎证之。《逸周书·商誓解》云：“命予小子，肆我殷戎，亦辨百度。”殷戎犹纣夷也。《书·康诰》：“殪戎殷。”《伪孔传》：“戎兵也。”殊为不词。郑注：“戎大也。”亦非。《逸周书·世俘解》：“谒戎殷于牧野。”戎殷犹殷戎也，亦称戎商。《周语》单襄公曰：“吾闻之《太誓》之故曰：‘朕梦协朕卜，袭于休祥，戎商必克。’”此皆谓殷人为戎也（以下两证不录）。

今将此处所举例，更进一步分析之，则可得下列之分别，即殷之公室为戎族，夷之土地人民为夷土夷属也。周人称戎殷者，既如此多例，而殷人亦自称其来自有娀。《诗·商颂》“有娀方将，帝立子生商”是也。且戎族之中，有以子为姓者，《左传》“小戎子生夷吾”自称，为人称之皆曰戎，而戎中至春秋尚有子姓，则殷之宗室，必为来自有娀者，盖可无疑。戎狄之称，后来均甚泛，然在最初必是国名，犹之胡之一称，在初不过指林胡等地，而后来用之遍称匈奴乌桓鲜卑西域以至天方各部落；蕃之一称，在初不过是吐蕃之省词，而后来用之遍称天山南各族，阿拉伯人（例如《诸蕃志》），大西洋人（例如广东人至今称西洋人及其一切物事曰蕃）。西戎姜戎之称，大约西周方有之。最初有娀必为一大国，非其族类者，用此强大之名于他族之上，后来乃为外国人之泛名也。《国语》《左传》所谓犬戎，即《诗》所谓混夷（见王静安《鬼方玁狁考》）。且姜戎犬戎小戎等，皆类后起之号。可知周初尚不以戎呼一切外国人，或者殷亡而戎为贱称，乃用于一切外国人吗？以戎为西方之族，盖甚后之事。冠以西字，而曰西戎，明其有别于不在西方，原负戎称者也。

至于殷公殷王所践之土为夷境者，亦可推想知之。《吕氏春秋·古乐》篇：“商人服象，为虐于东夷。”《左传》：“纣为黎之搜，东夷叛之。”据此可知殷非夷人，而曾服夷。《墨子·天志》引《太誓》“纣越厥夷居而不肯事上帝”，明纣从殷俗，忽略其上帝之祀。此祀或是自戎狄间来，与周共之者。殷墟卜辞中每言伐人方，此人字实当释为夷字。金文中人夷两字大体无别，而以夷为名之国，入春秋尚有（见《左传》隐元年即前722年）。盖殷末东方之国，曾泛称夷，此诸夷者，其中实有太皞、少皞、有济之后而为负荷古代文化之民族，故殷亡而箕子往归之，周衰而孔子思居之。周人初与东方民族接触，知东方以人（夷）为称，于是以夷泛称一切外国人，如所谓混夷者。然蛮、夷、戎、狄、闽、貉皆是国名，在初非有贱意。狄本作易，不从犬（即今易水一带之地，王君所考）；蛮本作䜌，不从虫，秦公敦"虩事䜌夏"，䜌指荆楚，而夏指晋，蛮之本地何在，今不可知，然必南方之国；戎为有戎氏之国，已如前所说；貉疑即潞子婴儿之潞；闽盖民之后起字；夷即人之分化字；黎即重黎之遗民，国亡之后，降为臣仆。古者具体及分别语多，抽象及总类语乃绝无仅有。以一人字概括王公、士大夫、庶人、臣仆以及男女，盖甚不易者。民字之义，至今不上于士大夫。人字之义，在金文中为锡庸之品。黎为重黎之后，在经典中甚显，而黎民之称，在战国甚通用。社会的阶级即民族的阶级，在现在的世界中尚大半是这样，例如全欧洲贵族多日耳曼及斯拉夫种，而人民则希腊、罗马、高罗穆尔之遗也。

以上论殷为戎姓而其土地人民则为夷之一说，在今日虽不能以为定论，然看来已很像一个甚显然的设定。且此设定可解释下列一件事实。近两年中李济之、董彦堂两君之殷墟发掘所得物件，显然表示殷商文化之多源，并表示中国文化由来之正统。因为殷墟的物件中有许多野兽骨，证明其畋猎生活。又许多海中的产品，至少亦可证明其与海滨民族有甚多之关系。果"以戎姓为夷土之君"之一说可信，此谜立解。又其一切石器、玉器、兵器、陶器之异样，虽未必即能概括周初之物质文化，因为我们现在尚不曾发掘到周初都市的故墟或墓葬，正不能如此断定，然以宋代以来研究古器物者之文书谱录来看，大体既备于殷墟。那么，殷周之际，是难得有物质文化变迁的。因民族变动而引起之文化，当是偏于社会组织一面，特别是宗法。

然而周人是不甘于但去恭恭敬敬接受殷人的文化基业的，不免一面接受，一面立异。犹之乎辽金诸虏，一面向宋人要绢缯，这些东西正是汉人文化之结晶品，一面还只呼宋人为南人，不以之为中国之正统。又犹之乎建州虏，一面以受明封为荣，一面又说并不与明相干，而远比忽必烈之功烈（即如康熙，一面向孝陵跪九叩头，一面又谓"自古得国之正，无过于本朝者"）。周人所以标出来抗殷的是夏。夏之故域在河东（《左传》定四年（前506年），"分唐叔以大路、密须之鼓，阙巩沽洗，怀姓九宗，职官五正。命以《唐诰》，而封于夏墟。启以夏政，疆以戎索”）。而渭南之崇亦是诸夏之一（《诗》“既伐于崇，作邑于丰”。是崇在丰，今西安之西。鲧在传说中为禹父，又号有崇伯鲧，明崇夏有关）。汉水又名夏水。或者夏之区域，错处在今河南境之大半，南至江汉之交，亦未可定。所谓诸夏者，在初必是夏族之诸部落，后乃推之一切负荷中原文化之人。所谓夏后者，当即诸夏之长，如此名之，以别于其他之夏部落。“殷因于夏礼，所损益”的，是如何一段故事，现在已不可知。但商人实未曾将夏之支姓一扫而光，而河东河南一带始终负夏之名，至荀子时尚有此称。《荀子·儒效》篇：“君子居楚而楚，居越而越，居夏而夏。”战国末尚存此名。殷周之际，诸夏必尚有甚多分居中原者。周人两代与殷通婚，然一为异姓，帝乙之妹之下落又不可知，而生武王者，反是夏遗之莘，则周人伐殷时，说是以商待夏之道还之于商，或至竟去说是为夏人报仇，且承诸夏正统，未尝不合情理。匈奴之刘渊造反，先去祀汉三祖，正是此理。果然，周人对于夏的称呼，不是戎商一样的。《周颂》中两称时夏：一、“我求懿德，肆于时夏。”二、“无此疆尔界，陈常于时夏。”时夏之时如何解，虽不可确知，然称周亦曰时周，知“定时周之，命于绎思”，“敷天之下，裒时之对，时周之命”。则时夏之称，必甚美甚亲近者。又有时说的简直是报仇泄愤一般，如“文王曰咨，咨女殷商……殷鉴不远，在夏后之世”。这一类话，在《周诰》中犹多。不特如此，更说自己是夏。《康诰》：“惟乃丕显考文王，克明德慎罚，不敢侮鳏寡，庸庸祇祇，威威显民，用肇造我区夏。”又周诗之本体为雅，而雅即是夏，此王伯申之大发明（余谓《诗三百》皆以地域标名，初无风雅颂之别。四始之说，乃汉儒之义，见《诗经讲义》，未刊）。这样看来，真正和刘渊建国曰汉一样了。

不过“命周侯”一版是证明《史记》所载殷命周昌为西伯，《竹书纪年》所载殷命季历为西伯一些话，是不错的。刘渊到底是晋臣呢！

补记：此文写完，承徐中舒先生为我细看一遍，做下列之提示，谨当补入，以志同好者之感情。

一、陆终娶鬼方氏曰女隤（似是媿、隗别体），楚灵王称“皇祖伯父昆吾”，鬼方、昆吾，当是夏或其近族，故楚仍可包括在夏民族中（说详《再论小屯与仰韶》）。

二、戎殷戎商的解释，现在又略有变更，时夏时周与戎殷戎商似为相对名词。时是同字，此也；戎，女也。即此名称，也有内诸夏而外殷商之意。时周与咨女殷商，正是显明的旁证，清人称明，也说尔明国。

三、铜器有“伐楚荆”“伐荆”的记载，大约是成康时物，昭王、穆王也曾经营过南方的，这是楚在周初确是周人的劲敌的证据，即楚为周初一个大民族之证。

四、蒲姑，薄姑，亳姑，亳，薄，在字音上讲与濮也有若干关系。地名有濮上、城濮，与薄（亳）均在中土，《左传》文十六年（前611年）“麇人率百濮聚于选，将伐楚，于是申息之北门不启”，是百濮在楚北之证。

五、易，丧牛于易，丧羊于易，《山海经》有易之君绵臣，此诸易字皆当是狄字。契母称简狄，亦当注意。

六、虢季子白盘记伐猃狁之事说“用政緐方”，古代未必即指南方异族，《春秋左传》有茅戎在成周附近，《公羊》作贸戎，即緐之声转。

（原载1930年12月国立中央研究院历史语言研究所《安阳发掘报告》第二期）

国家新闻出版广电总局
首届向全国推荐中华优秀传统文化普及图书

‖大家小书书目

经典常谈	朱自清　著
语言与文化	罗常培　著
习坎庸言校正	罗　庸　著　杜志勇　校注
鸭池十讲（增订本）	罗　庸　著　杜志勇　编订
古代汉语常识	王　力　著
国学概论新编	谭正璧　编著
文言尺牍入门	谭正璧　著
日用交谊尺牍	谭正璧　著
敦煌学概论	姜亮夫　著
训诂简论	陆宗达　著
金石丛话	施蛰存　著
常识	周有光　著　叶　芳　编
文言津逮	张中行　著
中国字典史略	刘叶秋　著

古典目录学浅说	来新夏　著
闲谈写对联	白化文　著
怎样使用标点符号（增订本）	苏培成　著
诗境浅说	俞陛云　著
唐五代词境浅说	俞陛云　著
北宋词境浅说	俞陛云　著
南宋词境浅说	俞陛云　著
人间词话新注	王国维　著　滕咸惠　校注
苏辛词说	顾　随　著　陈　均　校
诗论	朱光潜　著
唐诗杂论	闻一多　著
诗词格律概要	王　力　著
唐宋词欣赏	夏承焘　著
槐屋古诗说	俞平伯　著
词学十讲	龙榆生　著
词曲概论	龙榆生　著
中国古典诗歌讲稿	浦江清　著 浦汉明　彭书麟　整理

唐人绝句启蒙	李霁野　著
唐宋词启蒙	李霁野　著
古典文学略述	王季思　著　王兆凯　编
古典戏曲略说	王季思　著　王兆凯　编
唐宋词概说	吴世昌　著
宋词赏析	沈祖棻　著
道教徒的诗人李白及其痛苦	李长之　著
闲坐说诗经	金性尧　著
陶渊明批评	萧望卿　著
舒芜说诗	舒　芜　著
名篇词例选说	叶嘉莹　著
唐诗纵横谈	周勋初　著
楚辞讲座	汤炳正　著 汤序波　汤文瑞　整理
好诗不厌百回读	袁行霈　著
山水有清音 ——古代山水田园诗鉴要	葛晓音　著

门外文谈	鲁　迅　著
我的杂学	周作人　著　张丽华　编
论雅俗共赏	朱自清　著
文学概论讲义	老　舍　著
中国文学史导论	罗　庸　著　杜志勇　辑校
给少男少女	李霁野　著
鲁迅批判	李长之　著
英美现代诗谈	王佐良　著　董伯韬　编
三国谈心录	金性尧　著
夜阑话韩柳	金性尧　著
英语学习	李赋宁　著
漫谈西方文学	李赋宁　著
历代笔记概述	刘叶秋　著
笔祸史谈丛	黄　裳　著
古典诗文述略	吴小如　著
有琴一张	资中筠　著
鲁迅作品细读	钱理群　著
唐宋八大家 ——古代散文的典范	葛晓音　选译

红楼梦考证　胡　适　著

《水浒传》与中国社会　萨孟武　著

《西游记》与中国古代政治　萨孟武　著

《红楼梦》与中国旧家庭　萨孟武　著

《金瓶梅》人物　孟　超　著　张光宇　绘

水泊梁山英雄谱　孟　超　著　张光宇　绘

《红楼梦》探源　吴世昌　著

《西游记》漫话　林　庚　著

细说红楼　周绍良　著

红楼小讲　周汝昌　著　周伦玲　整理

曹雪芹的故事　周汝昌　著　周伦玲　整理

古典小说漫稿　吴小如　著

三生石上旧精魂
——中国古代小说与宗教　白化文　著

《金瓶梅》十二讲　宁宗一　著

古体小说论要　程毅中　著

近体小说论要　程毅中　著

文学的阅读　洪子诚　著

中国戏曲　么书仪　著

中国史学入门	顾颉刚　著	何启君　整理
秦汉的方士与儒生	顾颉刚　著	
三国史话	吕思勉　著	
史学要论	李大钊　著	
中国近代史	蒋廷黻　著	
民族与古代中国史	傅斯年　著	
五谷史话	万国鼎　著	徐定懿　编
民族文话	郑振铎　著	
史料与史学	翦伯赞　著	
唐代社会概略	黄现璠　著	
清史简述	郑天挺　著	
两汉社会生活概述	谢国桢　著	
中国文化与中国的兵	雷海宗　著	
两宋史纲	张荫麟　著	
明史简述	吴　晗　著	
北宋政治改革家王安石	邓广铭　著	
从紫禁城到故宫 ——营建、艺术、史事	单士元　著	
史学遗产六讲	白寿彝　著	

司马迁之人格与风格	李长之　著
司马迁	季镇淮　著
唐王朝的崛起与兴盛	汪　篯　著
二千年间	胡　绳　著
论三国人物	方诗铭　著
考古发现与中西文化交流	宿　白　著
中国古代国家的历史特征	张传玺　著
艺术、神话与祭祀	张光直　著 刘　静　乌鲁木加甫　译
中国古代衣食住行	许嘉璐　著
中国古代史学十讲	瞿林东　著
黄宾虹论画	黄宾虹　著
中国绘画史	陈师曾　著
和青年朋友谈书法	沈尹默　著
中国画法研究	吕凤子　著
桥梁史话	茅以升　著
中国戏剧史讲座	周贻白　著
俞平伯说昆曲	俞平伯　著　陈　均　编

新建筑与流派	童　寯　著	
论园	童　寯　著	
拙匠随笔	梁思成　著	林　洙　编
中国建筑艺术	梁思成　著	林　洙　编
沈从文讲文物	沈从文　著	王　风　编
中国画的艺术	徐悲鸿　著	马小起　编
中国绘画史纲	傅抱石　著	
中国舞蹈史话	常任侠　著	
海上丝路与文化交流	常任侠　著	
世界美术名作二十讲	傅　雷　著	
中国画论体系及其批评	李长之　著	
金石书画漫谈	启　功　著	赵仁珪　编
吞山怀谷——中国山水园林的艺术	汪菊渊　著	
中国古代音乐与舞蹈	阴法鲁　著	刘玉才　编
梓翁说园	陈从周　著	
旧戏新谈	黄　裳　著	
民间年画十五讲	王树村　著	姜彦文　编
民间美术与民俗	王树村　著	姜彦文　编

长城史话	罗哲文　著
中国古园林概说	罗哲文　著
现代建筑奠基人	罗小未　著
世界桥梁趣谈	唐寰澄　著
如何欣赏一座桥	唐寰澄　著
桥梁的故事	唐寰澄　著
园林的意境	周维权　著
万方安和 ——皇家园林的故事	周维权　著
现代建筑的故事	吴焕加　著
中国古代建筑概说	傅熹年　著

国学救亡讲演录	章太炎　著　蒙　木　编
简易哲学纲要	蔡元培　著
大学教育	蔡元培　著 北大元培学院　编
老子、孔子、墨子及其学派	梁启超　著
中国政治思想史	吕思勉　著
天道与人文	竺可桢　著　施爱东　编

春秋战国思想史话	嵇文甫　著	
晚明思想史论	嵇文甫　著	
新人生论	冯友兰　著	
中国哲学与未来世界哲学	冯友兰　著	
谈美书简	朱光潜　著	
中国古代心理学思想	潘　菽　著	
民俗与迷信	江绍原　著	陈泳超　整理
佛教基本知识	周叔迦　著	
儒学述要	罗　庸　著	杜志勇　整理
希腊漫话	罗念生　著	
佛教常识答问	赵朴初　著	
大一统与儒家思想	杨向奎　著	
孔子的故事	李长之　著	
西洋哲学史	李长之　著	
乡土中国	费孝通　著	
社会调查自白	费孝通　著	
经学常谈	屈守元　著	
墨子与墨家	任继愈　著	
汉化佛教与佛寺	白化文　著	
中西之交	陈乐民　著	

出版说明

“大家小书”多是一代大家的经典著作，在还属于手抄的著述年代里，每个字都是经过作者精琢细磨之后所拣选的。为尊重作者写作习惯和遣词风格、尊重语言文字自身发展流变的规律，为读者提供一个可靠的版本，“大家小书”对于已经经典化的作品不进行现代汉语的规范化处理。

提请读者特别注意。

北京出版社